태양의 법

태양의 법

오오카와 류우호오 지음

가림출판사

ⓒRyuho Okawa 2017
Korean Translation ⓒHappy Science 2017
Original Japanese language edition published as
'Taiyo No Ho'
by IRH Press Co., Ltd. in 1997
All Rights Reserved.
No part of this book may be reproduced in any form without the written
permission of the publisher.

책머리에

《태양의 법》이 처음 출간된 지 8년이 되어 간다. 행복의 과학 종교에 대한 첫 이론서였던 이 책은 문고판을 포함해 수백만 부 판매가 됨으로써 베스트셀러가 되었고, 오오카와 류우호오의 이름과 행복의 과학의 존재를 일본 전국에 알리는 계기가 되었다. 또 영어로도 번역 출간되어 뉴욕을 비롯한 런던, 카이로, 스리랑카, 티베트, 시드니 등에서도 많은 독자들을 만날 수 있었다.

나로서는 애착도 있고 아쉬움도 많은 내용인지라, 이번에 전체적으로 수정하여 개정 증보판을 출간하게 되었다. 지난 8년 동안 내 자신의 깨달음이 많이 향상된 것이 이유 중의 한 가지로 들 수 있고, 또 구판을 집필할 당시에는 행복의 과학은 창시되지 않았고 신자가 한 명도 없는 상태였지만, 지금은 일본을 대표하는 큰 교단敎團으로 성장한 것이 개정 증보판을 출간하게 된 이유이다.

이 신저新著 간행에 즈음하여 수십 시간에 걸쳐 철저히 영계靈界를 검증하였고, 새롭게 발견한 사실에 기초하여 대폭적으로 고쳐 썼다. 또한 나 자신의 개인적인 역사에 대해서도 가능한 한 자세하고 객관적인 시각에서 써가도록 하였다(제6장 참조). 아무래도 이 나라(일본)의 저널리스트와 종교학자는 겸양의 미덕을 이해하지 못하는 것 같으므로 꾸미지 않고 솔직히 적어 보았다.

이 《태양의 법》도 한없이 신비로운 책이다. '상식'으로 이해하려 하지 말고, 당신 자신의 '상식'을 본서에 의하여 바꾸어 주셨으면 한다. 4천만 명은 넘게 될 오오카와 류우호오 저서의 애독자가 본서를 '세계의 상식'으로 삼을 날이 머지 않았음을 기대한다.

1994년 6월
행복의 과학 그룹 창시자 겸 총재 오오카와 류우호오

CONTENTS

책머리에 • 9

제1장 태양이 떠오를 때
1. 불법진리의 태양 • 16
2. 부처란 무엇인가 • 22
3. 존재와 시간 • 26
4. 유한과 무한 • 31
5. 다차원 우주 • 36
6. 고차원 우주 • 40
7. 생명의 탄생(1) - 별의 탄생 • 45
8. 생명의 탄생(2) - 인령과 그 밖의 생명의 탄생 • 49
9. 지구영단의 발족 • 55
10. 지구영단의 증가와 타락자의 출현 • 61

제2장 불법진리는 말한다
1. 혼의 진실 • 66
2. 혼의 성질 • 70
3. 부처의 화신 • 75
4. 혼의 구조 • 79

5. 수호령과 지도령의 구조 • 83
　　6. 혼의 진화 • 87
　　7. 마음과 혼의 관계 • 92
　　8. 마음의 작용 • 96
　　9. 일념삼천 • 100
　　10. 진설 팔정도 • 106

제3장 사랑의 대하
　　1. 사랑이란 무엇인가 • 114
　　2. 사랑의 존재 • 117
　　3. 사랑의 힘 • 122
　　4. 사랑의 신비 • 126
　　5. 사랑에는 적이 없다 • 131
　　6. 사랑의 발전단계설 • 135
　　7. 존재의 사랑과 신의 사랑 • 140
　　8. 사랑과 팔정도 • 144
　　9. 천사의 사랑 • 152
　　10. 사랑의 대하 • 155

제4장 깨달음의 극치
　　1. 깨달음이란 무엇인가 • 162
　　2. 깨달음의 공덕 • 166

3. 깨달음의 방법 • 170

4. 여심 • 175

5. 관자재 • 180

6. 일즉다, 다즉일 • 185

7. 태양계의 깨달음 • 190

8. 석가의 깨달음(1) - 대오 • 195

9. 석가의 깨달음(2) - 입적 • 200

10. 9차원의 깨달음 • 206

제5장 황금의 시대

1. 신인류의 징조 • 212

2. 가나 문명 • 216

3. 뮤트람 문명 • 220

4. 라무디아 문명 • 224

5. 무 문명 • 228

6. 라무의 시대 • 233

7. 아틀란티스 문명 • 237

8. 아가샤의 시대 • 242

9. 현 문명의 변전 • 247

10. 그리하여 황금의 시대로 • 251

제6장 엘 칸타아레를 향한 길
  1. 눈을 떠라 • 258
  2. 집착을 끊어라 • 262
  3. 달아오르는 철과 같이 빨갛게 불타오르리 • 267
  4. 인생은 나날의 승부이니라 • 271
  5. 반짝이는 인생 • 276
  6. 다이아몬드의 시간 • 280
  7. 꿈을 품어라 • 284
  8. 황금의 용기를 가져라 • 289
  9. 와룡의 시대 - 회상의 청춘 • 294
  10. 깨달음을 향한 길 • 306
  11. 그리스도의 출현과 불타의 사명 • 310
  12. 나를 믿고 모여들어라 • 315

후기 • 319

제1장

태양이 떠오를 때

불법진리의 태양

'불법진리佛法眞理'라는 말이 있습니다. 불법진리란 부처의 마음, 부처의 법도法道, 부처의 생명이 유전流轉되는 모습입니다. 또한 인류의 과거, 현재, 미래를 계속해서 짜는 한 가닥 황금의 실을 의미합니다.

이 '불법진리'라는 이름의 황금의 실은 인류의 역사 속에서 여러 가지 직물을 짜서, 사람들의 마음을 추위로부터 지켜 주었습니다. 어느 때는 그 직물이 인도에 태어난 석가의 가르침이기도 하였고, 중국에 태어난 공자를 중심으로 한 유교이기도 하였습니다. 또 다른 시기에는 이스라엘에 태어난 예수 그리스도의 사랑의 가르침이기도 하였습니다.

그렇다고 해도 사람들의 마음을 추위에서 지키기 위한 이 직물은 지금으로부터 2~3천년 전의 시대에만 짜여지고 있었던 것은 아닙니다. 몇천 년, 아니 그 이전부터 현대에 이르기까지 크고 작은 여러 가지 직물이 세상에 내보내져 왔던 것입니다.

예를 들어 불교와 인도에서는 용수龍樹, 중국에서는 천태지의天台智顗 등의 고승高僧이 배출되었던 것은 말할 것도 없습니다만, 일본에서는 쿠카이空海[1] 등의 '헤이안 불교平安佛敎[2]', 호넨法然[3], 신란親鸞[4], 에이사이榮西[5], 도겐道元[6], 묘에明惠[7], 니치렌日蓮[8], 잇펜一遍[9] 등이라는 분들에 의한 '가마쿠라 불교鎌倉佛敎[10]'의 부흥 등도 '불법진리'라는 이름의 직물입니다. '무로마치室町 시대[11]'의 렌뇨蓮如[12]에 의한 정토진종淨土眞宗[13]의 중흥도 같습니다. 현대의 일본에서는 행복의 과학에 의한 '제5차 종교 붐boom' 주1)이 도래하여 지금 최고의 불법진리의 직물이 만들어져 가고 있습니다.

이와 같이 부처는 사람들의 마음을 '인생은 이 세상뿐이다'라고 하는 유물주의적이고 찰나적인 사고에서 지켜주기 위하여 온갖 따뜻한 옷으로 감싸주고 계십니다. 바꾸어 말하면, 부처는 사람들의 마음에 열과 빛을 계속 주기 위하여 '불법진리'라는 이름의 태양을 끊임없이 비춰 주는 위대한 은인恩人입니다.

이 불법진리의 태양은 언제나 변함없이 인류에게 무한한 빛 에너지를 공급해 왔습니다. 그렇습니다. 태양은 언제나 하늘에서 빛나고 있었던 것입니다. 찬란히 계속해서 빛나고 있었던 것입니다.

하지만 가끔씩 구름이 태양의 빛을 가로막고, 비가 내려 사람들을 적시고, 찬바람으로 인해 사람들을 벌벌 떨게 만들었듯이, 불법진리의 태양은 그 모습을 사람들 앞에서 감추고 침묵을 지키는 것처럼 보였던 적도 있었습니다.

그렇지만, 끝없는 구름바다 위에는 의연히 황금빛을 방사하는 태양이 언제나 존재하는 것입니다. 그러므로 비록 한때, 지상 사람들 마음에 혼란이 생겨 이 세상에서 불법진리의 빛이 사라져 없어진 것처럼 보였다고 해도, 구름 사이에서 반드시 한 줄기 불법진리의 빛이 비춰 오는 것입니다.

이 빛이야말로 구제의 빛입니다. 구세救世의 빛이며, 사람들을 암흑의 시대에서 구해 내기 위한 생명의 빛입니다.

내가 이제부터 사람들에게 말하여 전하는 ≪태양의 법≫은 일단 진 것처럼 보인 불법진리의 태양이 2천 수백 년 만에 한층 더 거대한 빛의 덩어리가 되어 아득한 지평선에서 떠올라 오는 모습을 진실한 말로써 묘사하여, 현대 사람들에게 희망을, 그리고 후세 사람들에게는 황금의 재보財寶를 남기려는 것입니다.

이제부터 불법진리의 태양이 떠오름에 따라 이 지구의 한 귀퉁이에서 크나큰 빛이 용솟음쳐 오를 것입니다. 그 한 귀퉁이야말로 불타가 재탄再誕한 땅, 일본입니다. 그러므로 앞으로 일본을 중심으로 해서 불법진리의 태양이 찬란하고 유연하게 떠올라 오는 모습을 수많은 사람들이 보게 될 것입니다. 세계는 지금 빛을 바라고 있습니다. 인류가 부지런히 쌓아 올려 왔던 '미망迷妄'이라는 이름의 어둠의 성채를 쳐부수기 위하여 아침 해가 힘차게 떠오르는 기세로 불법진리가 펴져 가는 것이 급선무입니다.

이 불법진리의 유포를 인생의 위업으로 삼도록, 한 사람이라도 더 많은 사람들이 일어서 주셨으면 하는 소망으로 이 ≪태양의 법≫은 쓰여져 가는 것입니다.

나는 구세의 비원悲願을 담아서 한마디 한마디를 써내려 갈 것입니다. 이 한마디 한마디가 생명의 말씀이 되고, 빛의 말씀이 되어 지구의 벗들에게 친숙해지기를 바라면서 계속 써내려 가겠습니다.

1) 쿠카이 : 774~835년. 헤이안 시대 초기의 승려. 일본 진언종眞言宗의 시조. 시호諡號는 '홍법대사弘法大師(코보다이시)'. 804년에 당나라에 들어가 밀교를 배운 뒤, 806년에 돌아와서 '고야산高野山'에 콘고부지金剛峰寺라는 절을 세움. 일본 최초의 서민학교인 슈게이슈치인綜藝種智院을 설립. 서예에 뛰어나 명성이 높음.

2) 헤이안 불교 : 일본 헤이안 시대(8세기 말~12세기)에 번창하였던 불교를 통틀어 말함.

3) 호넨 : 1133~1212년. 일본 정토종의 개조開祖.

4) 신란 : 1173~1262년. 정토진종淨土眞宗의 개조.

5) 에이사이 : 1141~1215년. 일본의 임제종臨濟宗의 개조.

6) 도겐 : 1200~1253년. 일본 조동종曹洞宗의 개조. 선승禪僧.

7) 묘에 : 1173~1232년. 일본 화엄종華嚴宗의 중흥의 조.

8) 니치렌 : 1222~1282년. 니치렌종日蓮宗의 개조. ≪법화경≫에 의해서만 말세의 국가의 평안이 있을 수 있다고 주장하여, 타종을 심하게 배격, 여러 번 유배를 당하였다.

9) 잇펜 : 1239~1289년. 시종時宗의 개조. 일본 각지에서 염불을 권유하며 돌아다녔다.

10) 가마쿠라 불교 : 일본의 가마쿠라 시대(1185~1333년)에 번창하였던 불교의 통칭.

11) 무로마치 시대 : 1336~1573년.

12) 렌뇨 : 1415~1499년. 정토진종의 중흥의 조.

13) 정토진종 : 호넨法然의 제자인 신란親鸞이 창시한 정토종淨土宗의 일파. 아미타불阿彌陀佛의 힘으로 구제된다는 절대타력絶對他力을 주장하여 신심信心만으로 왕생往生할 수 있다고 하였다.

주1) 제5차 종교 붐

행복의 과학이 출현한 이래, 일본에서는 종래 형태의 신종교 붐과는 전혀 차원이 다른 제5차 종교 붐이 일고 있다(단, 행복의 과학 이외에는 특별히 회원 수가 늘어난 단체는 없다. 또 '옴 진리교'나 '통일교'와 같이 사회문제를 일으키는 단체와 행복의 과학과 같은 종교 붐의 주역과는 구별되어야 한다). 그것은 2차 대전 후 일본의 무신론적이고 유물론적인 정신풍토를 근본적으로 뒤엎는 정신운동의 대두임과 동시에 미래사회로 향하는 문명지침을 명시하는 선진종교先進宗敎 - 어드밴스트 종교Advanced Religion의 출현도 의미하였다.

그리고 현재, 행복의 과학은 일본의 신종교의 테두리를 넘어서 불교, 기독교, 이슬람교에 이은 제4의 세계종교를 향한 길을 걷고 있다. 이들 '세계 3대종교'를 통합하고 뛰어넘어, 지구적 불법진리를 수립하는 커다란 물결이 이미 시작되고 있다.

참고로, 제1차 종교 붐은 19세기 중엽 이후(막부幕府 말엽)부터 20세기 초(메이지明治 시대)에 걸쳐 일어났던 새로운 종교의 대두(구로스미교黑住敎, 콘고교金光敎, 천리교天理敎 등), 제2차 종교 붐은 1910년대 다이쇼기大正期로부터 1920년대 쇼와기昭和期 초기에 유행하였던 신종교(오모토교大本敎 등)를 가리키며, 제3차 종교 붐은 태평양전쟁 패전 후에 '신들의 러시아워'라고 말해질 정도로 신종교가 출현하였던 시기를 가리킨다. 제4차 종교 붐은 일본의 고도성장에 불안과 그늘이 보이고, 공해가 사회문제가 되었던 1970년대에 성장한 영능력靈能力 계통의 신종교(GLA, 진광교단眞光敎團, 아함종阿含宗 등)가 활발하던 시대를 가리킨다. 단, 영성靈性의 시대를 부활시키는 계기는 되었지만, 사이비종교의 난립을 불러 행복의 과학에 의한 종교개혁의 역사적 필연성을 확신하게 만들었다.

부처란 무엇인가

　현재 지상의 3차원 세계에서 살아가는 여러분은 자신의 진정한 '인생'에 대해 진지하게 생각해 본 적이 있습니까? 진지하게 생각해 본 적이 있는 분들은 그 결과 어떠한 결론을 얻었습니까? 인생에 대해 생각하는 이상은 '무엇을 가지고 인생이라고 정의할 것인가'에서 시작하지 않으면 안될 것입니다.
　여러분은 인생이란 '인간이 이 지상에 태어나서 죽을 때까지의 수십 년 동안만을 가리킨다'라고 생각하십니까? 만약 그렇게 생각하고 있다면, 나의 책을 손에 든 이 순간부터 여러분의 인생관은 근본부터 바뀌게 될 것입니다.
　만약 인생이 유한하여 부모에 의하여 이름 붙여진 특정한 이름으로 살다가 죽은 뒤에는 한 줌의 재와 뼈만 남고, 그 이외의 대부분은 이산화탄소와 수증기가 되어 공중에 흩어져 버린다면,

여러분은 대체 무엇 때문에 노력하며 사는 것입니까? 무엇 때문에 학문을 하고, 고생을 하는 것입니까? 그리고 무엇 때문에 인생관을 연마하고, 계속 꿈을 추구해 왔습니까?

2천5백 수십 년 전에 인도에서 '고타마 싯다르타', 즉 석가가 설한 가르침 '불법佛法'은 전적으로 거짓이었을까요? 석가가 80년의 생애를 통해 계속 설해 왔던 인생의 의의와 사명, 저 세상, 즉, 실재 세계가 있다고 하는 교설敎說주2)은 세인을 현혹시키는 헛소리에 지나지 않았던 것이었을까요? 그렇지는 않을 것입니다. 그것은 미숙한 인간이 생각해낸 교설이었을 리가 없습니다.

현대의 지식인이라고 스스로를 자랑하는 사람들이여. 그대들 중에 누가 석존(석가의 존칭)을 논파할 만큼의 진리를 체득體得14) 하고 도파道破15)해내었다고 할 수 있다는 말입니까?

만약 석존의 가르침을 전적으로 꾸며낸 말이라고 한다면, 지금으로부터 2천 년 전에 예수 그리스도가 설했던 진리도 똑같이 헛소리라고 단언할 수 있겠습니까? 세계 인류 수십 억 명이 넘는 사람들이 존경해 마지않는 저 예수 그리스도가 계속 믿었던 '신'은 '그의 독단과 편견에 기초한, 전적으로 공리공론空理空論이다'라고 단정할 수가 있겠습니까? 겟세마네 동산에서 피의 땀을 흘리며 기도하고 가시관을 쓴 채 십자가에 매달아진 저 진실한 진리의 사도에 대해 미치광이 취급을 하는 사람이 있다면, 그 사람이야말로 세인 앞에 걸어 나와 스스로가 미치지 않았음을 증명해야만 합니다.

 영靈을 눈앞에 나타내서 보여주면 믿겠다는, 언뜻 보아 과학적 합리주의자처럼 꾸미는 사람에 대해 나는 말하리라. 석가나 예수라고 하는 인류 수천 년의 역사가 자랑하는 위인에 대해, 당신들은 모자를 벗고 예의를 갖춘 다음에 그러한 말을 입 밖에 내라고. 인류 수천 년의 역사가 '존경'이라는 두 글자를 끊임없이 부여해 마지않는 그들의 교설教說을 일소에 부칠 자신이 있다면, 그들 이상의 인격자임을 우선은 당신들이 증명해 보라고.

 누구 한 사람, 그런 일은 할 수 없을 것입니다. 왜냐하면 인류 최고의 깨달음을 얻은 석가, 그리고 석가의 본체本體인 '엘 칸타아레'로부터 지도를 받은 그리스도 이상으로 불법진리를 궁구窮究[16]한 인간은 아직껏 없었기 때문입니다.
 그러므로 여러분은 먼저 허심탄회하게 '부처의 가르침이란 무엇인가'하는 것부터 배워 가야 하지 않겠습니까? 이렇게 하는 것이야말로 진정한 의미에서 과학적 실증정신이 되지 않겠습니까?
 인생의 탐구는 어디선가 반드시 부처의 이끎과 만나지 않을 수 없습니다. 부처의 가르침을 아는 실마리는 인생의 도처에 아로새겨져 있습니다. 태어날 때와 죽을 때가 가장 큰 실마리이기는 합니다만 그 밖에도 병, 연애, 좌절했을 때에도 부처는 이따금 그 모습을 살짝 보여주는 것입니다.

나는 이 책 전체를 통해 '부처란 무엇인가'라는 물음에 답해 가려고 합니다. 그 도중에서 '인생의 목적과 사명'에 관해 수많은 힌트와 해답을 여러분에게 제시하게 될 것입니다.

---

14) 체득 : 몸소 체험하여 얻는다는 뜻.

15) 도파 : 끝까지 다 말한다는 뜻.

16) 궁구 : 속속들이 깊이 연구한다는 뜻.

주2) 교설 : 석가가 실재 세계의 존재를 긍정하고 있었다는 사실은 '범천권청梵天勸請'이나 '악마와의 대화(아함경阿含經)', '시론施論, 계론戒論, 생천론生天論 (공덕을 쌓아 천국에 다시 태어난다고 하는 설)'의 이른바 '차제설법次第說法', 직설直說이라고는 하기 힘들지만 원시불교에 이미 모습을 나타내고 있는 '십이인연十二因緣'에서의 '삼세양중인과三世兩重因果'(《깨달음의 도전(상권)》, 행복의 과학 출판, 원본 P218 참조)의 사고, '열반론涅槃論', '공空', '강도솔천설회降兜率天說話', '영계에서 생모生母 마야摩耶 부인에게 하였던 설법', '직제자直弟子들이 미래세에 부처가 된다는 수기授記 (법화경法華經)' 등에 명확히 나타나 있다. 무아설을 유물론적으로 억지 해석하는 타지옥墮地獄 불교학자의 설은 일축해야 한다(《깨달음의 도전(상권)》, 제4장 참조).

존재와 시간

 인간은 이 지상에 태어난 이래로 찬란히 빛을 던져주는 저 태양 아래서 여러 가지 존재를 보기도 하고, 살아 있는 모든 만물을 보아 왔습니다. 거기에는 한 가지 진리라고 할 보편적인 법칙이 있음을 우리는 간과하지 않으면 안됩니다.
 그리고 그 법칙이야말로 생생유전生生流轉의 법칙입니다. 이 세상에 존재하는 것은 무엇이건, 즉, 인간이건 동물이건 식물이건 광물이건 미생물이건, 모두 이 생생유전의 법칙의 지배 아래에 있습니다.

 그러면 생생유전의 법칙이란 무엇이겠습니까? 그것은 지상에 존재하는 모든 것에는 탄생의 시기가 있고, 성장의 시기가 있고, 쇠퇴의 시기가 있으며, 그리고 소멸의 시기가 있다는 뜻입니다.

예를 들면, 인간도 그렇습니다. 인간에게도 탄생의 시기가 있고, 성인이 되어 가는 과정이 있고, 노화해 가는 과정이 있으며, 이윽고 죽게 되는 것입니다.

이 법칙은 자연적인 것, 인공적인 것을 불문하고 모든 것(존재)에 적용됩니다. 예를 들어 자동차 한 대를 보아도 그렇습니다. 자동차가 생산되는 시기가 있고, 그것을 유효하게 타고 다니는 시기가 있습니다. 그러다가 고장이 나기 시작하면서 이윽고 폐차 처분되는 것입니다. 식물을 보아도 마찬가지입니다. 씨를 뿌리면 싹이 트고 성장하여 꽃이 핍니다. 피고 난 다음에는 시들기 시작하여 씨나 구근球根만을 남기고 지상에서 모습을 감추게 됩니다.

이와 같이 이 3차원 세계에 있는 것은 모두 원형原型의 탄생 – 발육 또는 완전 가동 – 쇠퇴 또는 부조不調 – 사멸 또는 해체라는 네 가지 과정을 반드시 거치게 됩니다.

달리 말하면, 이 3차원 현상 세계의 존재는 모두 '변전變轉하는 시간'을 내포하고 있다고 할 수 있습니다. 즉, 정지된 존재는 있을 수 없는 것입니다. 모든 존재는 변전을 전제로 하여 스스로가 존재하는 것이 허용되고 있다고 할 수 있습니다.

그러나 변전 혹은 유전流轉이라는 조건이 붙여진 이 세상의 존재란, 시간이라는 영사기에 의하여 투영投映이 전개되는 필름이라고도 할 수 있습니다. 말하자면, 존재란 그 속에 유전한다는 성질, 시간을 내포하고 있는 것입니다.

좀 더 알기 쉽게 말하면 '이 세상적인 것'은 모두 시시각각 변화를 하고 있으며, 완전히 똑같은 상태로 있기란 불가능하다는 뜻입니다. 예를 들면, 우리의 육체세포를 살펴보더라도, 어제의 나와 오늘의 나를 비교해 보면 전적으로 똑같은 상태가 아닙니다.

그러나 날마다 변화하는 육체세포에 의하여 구성되어 있는 셈입니다만, 그 사람의 이름으로 불리는 실체가 있습니다. 그 육체세포를 통일하는 실재가 있다는 것입니다.

즉, 시간의 흐름 속에서 유전하는 존재의 배후에는 영원히 변화하지 않는 무언가가 있습니다. 인간이라 해도 그렇고, 동물이라 해도 그렇고, 식물이라 해도 그렇습니다.

식물을 한 송이 꽃으로 존재하도록 만들고 있는 것은 전적으로 우연히 집합된 식물세포가 아닙니다. 만약 우연히 집적된 식물세포가 현재 한 송이 꽃을 만들어내고 있다면, 날마다 유전하고 변전한다는 법칙 아래에서 그 꽃은 이윽고 꽃 이외의 무언가 다른 것으로 변해 간다는 것이 진실이어야 할 것입니다.

그러나 역시 꽃은 꽃에 지나지 않습니다. 어제도 꽃, 오늘도 꽃, 내일도 꽃. 꽃으로서의 모습이 변화할 뿐, 꽃이 꽃 이외의 것,

예를 들면, 동물이나 인간이 될 수 없는 것입니다.

또한 국화꽃이 도중에 튤립이 되는 일도 없을 뿐더러 튤립이 갑자기 코스모스가 되는 일도 없습니다. 튤립꽃은 어디까지나 튤립꽃으로서 그 일생을 마치는 것입니다.

거기에는 변화하면서 변화하지 않는 무언가, 유전하면서 유전하지 않는 무언가가 있습니다. 그리고 이 무언가야말로 어느 때에는 실재라고 불리고 어느 때는 이념이라고 불리며, 또 어느 때는 이데아idea라고 불리는 것입니다.

'색즉시공, 공즉시색色卽是空, 空卽是色'이라는 불교의 유명한 말이 있습니다. 이 말도 내가 서술해 왔던 변화의 배경에 있는 불변하는 것의 실재, 보편적인 존재가 투영되어, 유전하는 이 세상적인 존재가 되어 있다는 것을 도파道破한 진리의 말입니다.

우리 인간은 시시각각으로 변화하는 어설픈 육체세포의 집합체를 가지고 '인간'이라고 부르는 것은 아닙니다. 인간의 본질은 시간의 흐름 속에서 변전해 가는 덧없는 존재가 아니라 영원히 불변하는 실재입니다. 이 불변의 실재야말로 생명生命이자 혼魂이며, 영靈입니다.

나는 '영'이라는 말을 가지고 희한한 특이현상을 가리키고 있는 것은 아닙니다. 그것은 인간의 본질이며, 불변의 실재이며, 생명의 이데아입니다.

　육체인간을 지배하는 개성個性을 가진 지성知性. 육체인간이 존재토록 하는 개성을 가진 의식체意識體. 이것들이 인간의 본질이기에, 영이라는 말에 대해 세상 사람들이 어떠한 인상을 갖든 아니든 진실은 하나입니다. 즉, 꽃에게는 꽃의 생명체가 있고 인간에게는 인간의 생명체가 있는 것입니다.

유한과 무한

나는 앞에서 시간이라는 것에 대해 서술하였습니다. 그리고 존재라는 것에 대해서도 서술하였습니다. 그래서 다음에는 시간과 공간의 저편에 있는 것, 즉, '유한'과 '무한'에 대해 이야기를 하고자 합니다.

인생은 유한한가, 무한한가? 또 우주는 유한한가, 무한한가? 인간이라면 누구나 한 번은 가지게 될 의문일 것입니다.

이 결론을 내기에 앞서, 나는 한 가지 비유를 말하고자 합니다.

옛날 어느 곳에 커다란 거북이가 있었습니다. 그 거북이는 오른발을 내딛는 데 10분, 왼발을 내딛는 데 10분, 뒷발을 내딛는 데에도 각각 10분씩, 결국 몸을 한 번 움직이는 데 40분이나 걸렸습니다. 어느 날 이 거북이는 모래사장인 해안에 끝이 있는지 없는지 자못 궁금해졌습니다. 그래서 '어디 한 번 세계탐험을 해보자'하는 생각이 들었습니다. 그리하여 눈 안에 들어오는 모든 해안을 매섭게 노려보며 전력을 다해 걷기 시작하였습니다.

자신의 몸을 한 단락 앞으로 전진시키는데 40분씩이나 걸리면서도 해안선의 측량을 시작한 것입니다. 거북이는 자신이 이미 걸은 곳인지 아닌지를 알 수 없게 되지 않도록 모래사장 곳곳에 발자국을 계속 남겨 가기로 하였습니다. 이렇게 하면 똑같은 곳을 두 번 걷지 않아도 된다고 생각하였기 때문입니다. 상당히 현명한 거북이라 할 수 있습니다.

그러나 아무리 걷고 또 걸어도 해안선은 영원히 끝나지 않고 마침내 어느 날 거북이는 힘이 다해 버렸습니다. 자신이 전 세계의 반 정도는 답파하였다고 믿으면서 죽고 말았던 것입니다.

다음 날, 섬에 살고 있는 한 어부가 이 거북이를 가지고 섬의 반대쪽으로 가서 삶아 먹었습니다. 섬의 반대쪽까지 가는데 많은 시간이 걸렸겠습니까? 아닙니다. 어부의 건강한 다리로 걸으니 불과 10분이면 충분하였습니다.

결국 가엾은 거북이는 태평양의 파도가 자기 발자국을 비정하게 지우고 있었던 것도 모른 채, 조그마한 섬의 모래사장을 빙빙 돌고 있었음에 지나지 않았던 것입니다.

유한과 무한에 대해 생각할 때, 나는 언제나 이 거북이와 어부의 이야기를 생각해 내지 않을 수가 없습니다. 거북이와 어부의 차이는 어디에 있겠습니까? 걷는 속도, 물론 그것도 있습니다. 몸의 크기, 물론 그것도 있습니다. 혹은 경험량의 차이, 그런 것도 말할 수 있습니다.

그러나 거북이와 어부의 근본적인 차이는 인식력의 차이에 있다고 할 수 있습니다. 거북이의 목적, 노력, 그리고 열의는 장한 일입니다만 그 결말에 비애哀愁가 감도는 것은 어째서겠습니까? 역시 거기에는 아는 자와 모르는 자의 차이, 알 수 있는 자와 알 수 없는 자의 차이, 이러한 것이 분명히 있는 것처럼 여겨집니다.

그런데 이 거북이와 어부를 '유물론자'와 '진리를 체득한 자'라는 말로 바꾸어 보면 어떻습니까? '나는 거북이가 아니다'라고 화를 내는 분도 필시 있을 것입니다.

인생은 60년, 70년의 유한한 것으로 죽으면 모든 것이 끝이라고 생각하는 사람. 자신의 눈에 보이는 부분만이 세계의 전부이고 오관五官을 초월한 세계 따위는 전혀 믿지 않겠다고 거리낌 없이 말하는 사람. 이러한 사람은 결국 세계탐험에 나선 거북이와 같이 자기 자신의 발자국만을 의지하여, 똑같은 조그마한 세계를 빙빙 쳇바퀴 돌고 있는 것에 지나지 않습니다. 참으로 딱한 사람이라고 하지 않을 수 없습니다. 더구나 바로 그 거북이와 똑같이 콧잔등에 비지땀을 흘리며 필사적으로 인생을 살고 있기 때문에, 또한 조그마한 섬을 빙빙 열심히 돌고 있기 때문에 어딘지 비애를 띠고 있습니다.

　우리 인간은 아득한 옛날부터 영원한 생명을 지니며 살고 있습니다. 그리하여 몇 번이고 지상에 다시 태어나서는 인생수행을 쌓고 있는 것입니다.
　이 지구를 자장磁場으로 한 세계만을 보더라도, 우리 인간의 생명체가 활약하고 있는 공간은 이 3차원 지상계地上界만이 아닙니다. 우리는 본래 실재계, 즉 4차원 이후의 거주민입니다. 그것은 5차원, 6차원, 7차원, 8차원, 9차원, 최상 단계인 10차원까지 펼쳐져 있습니다. 그리고 마음의 단계에 따라 제각기 다른 조화된 세계에 살고 있습니다.
　그러므로 우주가 유한한지 무한한지를 몰라 고민하는 분에 대해, 나는 '당신이 문제 삼는 우주란 3차원 우주입니까? 아니면 4차원 이후의 다차원 우주多次元宇宙입니까?'하고 되묻지 않을 수 없습니다.
　우주를 인체에 비유한다면, 3차원 우주란 벌거숭이 육체인간肉體人間입니다. 4차원 우주란 육체를 감싸는 내의이며, 5차원이란 내의 위의 와이셔츠, 6차원이란 와이셔츠 위의 스웨터입니다.

7차원이란 스웨터 위에 걸치는 겉옷, 8차원이란 전신을 덮는 코트, 그리고 9차원이란 머리 위의 모자와 같습니다.

 지금 말한 것은 물론 단순한 비유에 불과합니다만 다차원 우주의 구조를 잘 표현하고 있다고 봅니다. 즉, 고차원 우주高次元宇宙란 하차원 우주下次元宇宙를 완전히 감싸는 것입니다. 그렇다고 해서 하차원 우주와 전혀 관계가 없는 것이 아니라, 같은 것처럼 느껴지면서도 한층 더 고도의 목적을 가진 세계, 이것이 고차원 우주라고 할 수 있습니다.

다차원 우주

앞에서 나는 인체와 그것을 감싸는 옷의 비유로 다차원 우주에 대해 설명하였습니다. 그러나 비유는 어디까지나 비유에 불과하므로 다차원 우주에 대해 좀 더 이론적으로 설명하기로 하겠습니다.

우선, '차원次元'이란 무엇일까요? 우리는 흔히 3차원에 있다는 표현을 씁니다만 그러면 3차원이란 무엇일까요?

'차원'이란 그 세계의 성립을 몇 가지 요소로 표현하느냐 하는 세계관世界觀입니다.

예를 들면, 1차원이란 점의 연속으로 이루어지는 직선의 세계입니다. 만약 1차원 세계에도 거주민이 있다고 가정한다면, 자기와 타인을 구별하는 기준은 선분線分이라는 길이밖에 없습니다. 즉, '자기는 타인보다 긴가 짧은가'입니다. 따라서 같은 길이를 갖는 거주민이라면, 자기도 타인도 구별할 수 없게 됩니다.

 이에 대해, 2차원의 세계란 가로와 세로가 있는 세계입니다. 그리고 가로와 세로에 의하여 결정되는 것은 면입니다. 그러므로 이 2차원 세계에 거주민이 있다고 하면 마치 물고기의 지느러미처럼 면만 있고 두께가 없을 것입니다. 따라서 가로와 세로에 의하여 결정되는 면이 같은 넙치인간, 형태도 면적도 똑같은 넙치인간, 그러한 인간끼리도 자타의 구별이 불가능해집니다.

 그러면 우리가 살고 있는 이 3차원 세계는 어떨까요? 3차원이란 가로, 세로, 그리고 높이로 성립되어 있습니다.

 가로, 세로, 높이에 의하여 결정되는 것은 말하자면 '형상形狀'입니다. 즉, 3차원의 거주민은 키도 같고 가로폭도 같고 두께도 같다는, 어디를 보아도 똑같은 형상이 아니면 동일인물이라고 할 수 없습니다. 그러므로 이 점에서는 2차원의 넙치인간보다도 복잡한 자타의 구별이 있는 셈입니다.

 4차원 세계가 되면, 3차원 세계의 가로, 세로, 높이에 더해 시간이라는 요소가 더해집니다. 즉, 3차원 세계에서는 동일공간 속에 존재하는 사물은 동일시간을 공유하고 있습니다만, 4차원에서는 그렇지 않습니다. 3차원 세계에서 우리가 악수하는 인간, 접하는 사물은 '몇 년, 몇 월, 며칠, 몇 시'라는 같은 시간, 같은 시점時點에 반드시 존재합니다만, 4차원 세계가 되면 그렇지 않게 된다는 의미입니다.

즉, 좀 더 알기 쉽게 설명하면 4차원 세계의 거주민은 예컨대, 악수하는 인간이 반드시 같은 시대의 인간이라고만 할 수가 없다는 뜻입니다. 신라 시대의 사람과 조선 시대의 사람이 같은 장소에서 악수를 할 수 있습니다. 3차원에서는 절대로 있을 수 없는 일이 일어나는 셈입니다. 그러므로 4차원 세계에서는 비록 눈앞에 건물이 서 있어도 그 건물이 현재 서 있는 것인지, 혹은 과거에 있던 건물의 환영幻影을 보고 있는지는 좀처럼 알 수가 없습니다. 다만, 환영이었다 해도 확실한 감촉이 있고 실재감은 있습니다.

이와 같이 4차원 세계에서는 각각의 인간이 가지고 있는 시계의 바늘이 가리키는 시각은 서로 같지 않습니다. 그러므로 4차원 세계에서 신라 시대에 살았던 여성과 만나도 당시와 다름없는 20대의 건강한 젊은 모습으로 나타나는 것입니다.

예지豫知의 원리에 대해서도 같은 말을 할 수 있습니다. 즉, 4차원 세계에서는 3차원 세계에서 장차 일어날 일도 마치 현재 있는 것과 같은 모습으로 나타날 수가 있는 것입니다.

5차원 세계가 되면 거기에 또 한 가지 요소가 더해집니다. 여기서는 가로, 세로, 높이, 시간이라는 네 가지 요소에 '정신精神'이 더해져, 다섯 가지 요소가 이 세계를 결정하고 있습니다. 즉, 5차원 세계의 거주민은 자기와 타인을 구별하려면 가로, 세로, 높이에 의한 형상이 동일한지 아닌지, 같은 시대의 사람인지 아닌지, 그리고 정신성精神性의 정도에 차이가 있는지 아닌지를 기준으로 삼는 것입니다.

결국 정신성을 깨우친 사람일 것, 인간이 물질적인 육체인간이 아니라는 것을 깨우친 사람이어야 한다는 것이 5차원 세계 거주민의 조건이 됩니다. 정신성의 척도는 주로 '선善'입니다. 5차원 세계란 즉, 선인善人들이 모여 있는 곳입니다.

나아가 6차원 세계에 들어가면, 가로, 세로, 높이, 시간, 정신이라는 다섯 가지 요소에 '진리지식眞理知識'이라는 요소가 더해집니다. 말하자면, 이 세계에서는 형상이 같은지, 같은 시대인지, 같은 정도의 정신성을 가지고 있는지, 서로 얼마만큼 진리에 대한 지식을 가지고 있는지가 자타를 구별하는 기준이 되는 셈입니다. 6차원 세계의 거주민이 될 자격은 도덕적인 선인이면서, 나아가 부처의 가르침에 대한 지식을 겸비한 사람인지 아닌지에 의합니다. 물론 진리지식의 양에는 많고 적음의 개인차가 있어 이것이 6차원 세계에서 단계의 차이를 만들어내고 있습니다만, 적어도 진리를 믿지 않는 사람은 6차원 세계에는 한 사람도 없습니다.

고차원 우주

여기서는 나아가 7차원 이후의 세계가 어떠한 것인지에 대해 설명하겠습니다.

7차원 세계에서는 6차원 세계의 가로, 세로, 높이, 시간, 정신, 진리지식이라는 여섯 가지 요소에 '이타利他'라는 요소가 더해집니다. 6차원 세계까지의 거주민은 가치중립적으로 말하면 결코 나쁜 의미는 아닙니다만 이기적으로 살고 있습니다. 6차원이라는 고도로 진화된 세계에서도 그곳의 거주민은 자신의 향상을 위한 진리지식의 흡수에 여전히 힘쓰고 있습니다. 다시 말하면, 6차원까지의 인간은 아직 학생이며, 큰 견지에서 보면 사회인이 되어 있지 않다는 뜻입니다. 6차원의 거주민을 대학생이라고 한다면 5차원의 거주민은 고등학생, 4차원의 거주민은 중학생, 3차원의 거주민은 초등학생에 지나지 않는 것입니다.

7차원에 이르러서야 비로소 학생으로서의 생활을 마치고 실제 사회로 떠나가는 것이라 할 수 있습니다. 따라서 7차원 세계 거주민의 주된 관심사는 이타입니다. 마음에 있어서는 '사랑', 행위에 있어서는 '봉사'입니다. 그러므로 7차원 세계의 사람들은 상호간에 서로 사랑을 주고, 서로 봉사하고 있음은 물론, 6차원 세계 이하 사람들의 지도, 특히 육체생활을 벗어난 후에 4차원에서 헤매는 사람들을 구제하기 위하여 날마다 활동을 하고 있습니다. 혹은, 3차원 세계에 육체를 지닌 인간으로 태어나 사랑과 봉사의 생활을 실천하기도 합니다. 이와 같이 7차원 세계에는 고귀한 분들이 존재합니다.

8차원 세계가 되면, 가로, 세로, 높이, 시간, 정신, 진리지식, 이타의 일곱 가지 요소에 '자비慈悲'가 더해집니다. 자비란 주는 마음입니다. 높은 곳에 있는 자가 아낌없이, 차별 없이, 계속 주는 마음, 이것이 자비입니다. 7차원 세계의 사랑을 '주는 사랑'이라고 한다면, 8차원 세계의 사랑은 보다 더 고차적高次的인 사랑, 즉, '끊임없이 주는 사랑', '무한한 사랑'이라고 할 수 있습니다.

7차원적인 사랑은 아직 인간적인 노력의 산물, 즉, 스스로가 노력하여 축적한 사랑을 사람들에게 나누어주는 것입니다. 그러나 8차원적 사랑은 태양과 같은 사랑, 즉, '무진장無盡藏한 사랑'입니다. 이것이 자비입니다. 7차원 세계의 사랑이 아직 대상을 고르거나, 또는 대상에 의하여 '농담濃淡이 있는 사랑[17]'임에 대해, 8차원 거주민의 사랑은 '공평무사公平無私한 사랑'이라고 할 수 있습니다. 그 사랑에는 이미 인간적인 마음에 의해 차별하는 마음은 없습니다. 이와 같이 8차원의 거주민은 무한한 사랑의 공급자인 까닭에 진정한 지도자로서의 자격을 갖춘 사람이라고 할 수 있습니다.

9차원의 세계에서는 가로, 세로, 높이, 시간, 정신, 진리지식, 이타, 자비의 여덟 가지 구성요소에 '우주宇宙'라는 요소가 더해집니다. 8차원 세계까지의 거주민은 지구를 둘러싼 성층권 안에, 지구적 자장磁場으로서 다차원 세계를 구성하여 거기에 살고 있습니다. 그러나 9차원 세계가 되면, 지구계地球系에만 머무르지 않고, 태양계 이외의 다른 성단星團의 영계靈界와도 이어져 있습니다. 즉, 9차원 세계의 거주민은 대우주의 진화 속에서 지구계영단地球系靈團을 지도하는 분들이라고 할 수 있습니다. 세계적인 종교의 인격신人格神, 근본불根本佛, 근본신根本神이 된 분들의 대부분은 이 9차원 세계의 거주민입니다. 이와 같이 9차원 세계란 법法의 근원根源이 되는 분들이 살고 있는 곳입니다.

그러므로 이 세계에서 자타를 구별하는 기준은 법의 근원으로서 빛 색깔의 차이 외에는 표현할 방법이 없습니다. 즉, 부처의 법이라는 것은 물론 하나밖에 없습니다만, 그것을 가르치는 9차원 세계 거주민의 개성에 따라 그것이 일곱 색깔의 빛으로 나뉘어 있는 것입니다.

이 9차원 세계 위에 지구계영단으로서는 최고 단계가 되는 10차원 세계가 있습니다. 이 10차원 세계에는 이미 지상에 육체를 가졌던 인령人靈은 없습니다. 왜냐하면 거기에 있는 것은 삼체三體의 의식意識뿐이기 때문입니다.

10차원의 구성요소를 든다면, 8차원의 자비, 9차원의 우주에 더하여 '창조創造와 진화進化'입니다. 10차원에는 이미 인간으로서의 개성의 차이는 없게 되고, 창조와 진화에 관해서만 역할의 차이가 있습니다. 10차원의 삼체 의식을 '대일의식大日意識', '달의식月意識', '지구의식地球意識'이라고 합니다. 대일의식은 인류를 포함한 지구생물의 적극적인 의지, 양성陽性을 맡고 있습니다. 달의식이 소극적인 면, 우아함이라는 여성적인 면을 맡고, 그리고 지구의식이 지구 생명체로서의 의식과 지구상에서의 천지창조를 맡고 있습니다. 지구의 약 46억 년이나 되는 역사는 이 세 의식체의 작용에 의하여 전개되어 왔다고 할 수 있습니다.

지구계에는 10차원 세계까지밖에 없습니다만, 태양계에는 11차원의 세계가 있습니다. 11차원 세계의 구성요소는 '태양계太陽界의 사명使命'이며, 태양의 생명체 그 자체, 태양으로서의 영체靈體 그 자체가 11차원적 존재입니다. 나아가 12차원적 존재로서 '은하의식銀河意識'이 있습니다. 이것은 은하계 우주의 계획을 담당하는 거대령巨大靈으로서, 우리 태양계의 태양령太陽靈처럼 11차원 항성의식恒星意識(이에 대해 10차원 존재를 혹성의식惑星意識이라고 함)을 몇만, 몇십만의 숫자로 다스리고 있는 것 같습니다.

내가 여러분에게 말로 설명할 수 있는 범위는 이 부근까지입니다만, 대우주의 근본불(근본신)은 아마 20차원 이상의 존재일 것으로 생각됩니다.

---

17) 농담이 있는 사랑 : 대상에 따라 더 많이 사랑하거나 또는 덜 사랑한다는 뜻.

생명의 탄생(1)-별의 탄생

인간이 사후에 어떻게 되는지가 주로 종교적 관심이라고 한다면, 인간 및 생물이 어떻게 하여 탄생하였는지에 대한 생명탄생의 신비는 주로 과학적 관심이라고 할 수 있습니다. 그래서 생명의 탄생에 대해 이야기해 가겠습니다. 나는 종교적 관심도 과학적 관심도 그 궁극에 있는 것은 같다는 견해를 실증할 겸, 생명탄생의 불가사의에 대해 이야기하고자 합니다.

애초에 우리가 살고 있는 지구를 일원一員으로 삼는 이 3차원 우주가 생긴 것은 지금으로부터 약 4백억 년 전의 옛날이라고 말해집니다.

만약 대우주의 부처(근원의 신)를 20차원적 존재, 혹은 그 이상의 고차원적 존재라고 한다면, 수천억 년 전의 옛날, 더 정확히 말하면 유구한 옛날부터 의식존재로서의 근본불根本佛은 있었습니다.

근본불은 지금으로부터 1천억 년쯤 전까지 3차원 우주 공간의 창조를 의도하시다가, 약 8백억 년 전에는 스스로의 의지로써 3차원 우주를 통괄하는 거대령巨大靈을 창조하였습니다. 이것이 13차원 의식의 탄생이며, 우리가 인식할 수 있는 우주에 관해서 최초로 영靈이 탄생한 것입니다.

이 13차원 우주령宇宙靈은 대우주 창조를 사명으로서 갖는 근원불의 의식이 투영된 존재입니다. 이 13차원 우주령은 약 650억 년 전에 12차원 성운의식星雲意識을 창조하였습니다. 그 수는 약 2백만 체體라고 간주되고 있습니다. 우리가 속한 은하계의식銀河系意識도 이 2백만 체나 되는 성운의식체의 하나입니다.

그리고 6백억 년 전에 이 12차원 성운의식령星雲意識靈에 의하여 11차원 항성의식령恒星意識靈이 창조되었습니다. 즉, 11차원 공간의 탄생입니다. 우리와 관계가 있는 우주로서는 12차원 은하계의식령銀河系意識靈이 11차원 태양계의식령太陽系意識靈을 만들었다는 것이 됩니다.

나아가 530억 년 전에 은하계에서 11차원 항성의식령이 중심이 되어 혹성의식령惑星意識靈의 창조가 개시되었습니다. 이것이 10차원 우주의 탄생입니다. 우리 태양계에서는 11차원 태양계령의 노력에 의하여 수성의식水星意識과 금성의식金星意識, 지구의식, 화성의식, 목성의식, 토성의식 등이 잇달아 탄생하였습니다. 이와 같은 혹성의식령의 창조는 420억 년 전 무렵까지 거의 완료되었다고 할 수 있습니다.

그리고 마침내 지금으로부터 4백억 년 전에 대우주령大宇宙靈의 내부에서 이변이 일어났습니다. 즉, 13차원 대우주령의 의식체 내부에서 핵융합, 핵분열과 같은 현상, 혹은 거대한 우주 불꽃놀이와 같은 현상이 잇달아 일어났던 것입니다. 이른바 빅뱅 현상입니다.

이리하여 13차원 우주령의 내부에, 인체에 비유하자면 여러 내장 기관과 같은 3차원 공간이 불쑥 생겨났던 것입니다. 그것은 물론 아직 현재와 같은 정연整然한 우주 공간은 아니었습니다. 말하자면 투명한 해파리와 같은 밥통 모양의 것이 갑자기 생겨난 것 같은 식이었습니다. 이 해파리와 같은 우주 공간을 명료화하기 위하여 12차원 성운의식, 11차원 항성의식, 10차원 혹성의식이 서로 협력하여, 3차원 우주 공간에 혹성, 항성, 성운을 차례로 구체화해 갔던 것입니다.

이와 같은 4백억 년 전에 3차원 우주 공간이 출현한 이래로, 각 성운, 각 태양계마다 우주 창조의 진도進度는 다릅니다. 은하계 안에서도 우리 태양계가 3차원 우주 공간에 출현한 것은 약 백억 년 전입니다. 70억 년 전에는 수성이, 60억 년 전에는 금성이, 그리고 46억 년 전에 지구가 탄생하였습니다. 이것이 우리 별의 탄생입니다. 별도 또한 생명을 가진 의식체로서 최초의 존재인 것입니다.

생명의 탄생(2) -
인령과 그 밖의 생명의 탄생

　대우주 공간에 최초의 인령이 탄생한 것이 언제쯤이었는가 명확하지 않습니다. 그러나 4백억 년 전에 3차원 우주의 원초적인 형태가 생기고, 이윽고 성운, 은하계, 태양계라는 것이 생겨났을 때, 별로서의 생명이 탄생하고, 그것을 기반으로 하여 갖가지 생명이 탄생해 왔다는 것은 틀림없습니다.
　이야기가 복잡해지는 것을 피하기 위하여 여기서는 태양계를 중심으로 한 개별생명의 탄생에 대해서만 설명하겠습니다.

　3차원 우주 공간에 별로서의 태양이 출현한 것은 지금으로부터 약 백억 년 전입니다. 그 다음의 별로서 70억 년 전에 수성이 생겼습니다만, 이 때는 아직 생명이 살 만한 상태는 아니었습니다.

이 태양계에 최초의 생명이 탄생한 것은 아름다운 비너스의 별 금성이 생기고 나서부터입니다. 금성이 생긴 것은 60억 년 전입니다만 그로부터 다시 5억 년쯤 지날 무렵, 그러니까 55억 년쯤 전이 됩니다만, 그 무렵에 이 태양계에 9차원 세계가 만들어지게 되었습니다. 그리고 10차원 혹성의식보다 더 행동적이고, 금후, 별에 탄생할 생명체를 통치하기 쉬운 최고도로 발달된 인격을 가진 대령大靈이 창조되었던 것입니다. 이 금성의 10차원 의식이 개성화한 최초의 9차원 대령을 '엘 미오레'라고 합니다. 금성의 통치자입니다.

엘 미오레가 3차원 금성의 지표에 만든 최초의 실험용 생명체는 식물과 동물을 겸한 것이었습니다. 상반신이 백합꽃과 같고 하반신이 인간처럼 두 다리로 되어 있으며, 등에는 많은 잎이 무성하여 광합성에 의하여 생명을 유지하고 있었습니다. 이 생명체는 자기 완결성自己完結性이 높고 장수長壽한다는 특징이 있었습니다.

다음으로 엘 미오레는 식물과 동물을 나누어, 약 20억 년 동안 각각을 진화시켰습니다. 식물도 동물도 지구의 것과는 달라, 금성의 것은 우미優美함과 우아함을 띠고 있었습니다. 식물은 보석과 같은 꽃을 피우고, 이 세상의 것이라고는 생각되지 않는 향기를 발하였으며, 동물들은 품위가 있고, 말을 하는 동물조차 있었습니다.

　이윽고 엘 미오레는 현재의 지구인과 닮은 금성인도 창조하였습니다. 십수억 년에 걸쳐 몇 번이나 재창조가 반복되고 그동안 수백, 수천의 문명이 융성하여 다른 성단과 우주선으로 교류하는 수준까지 문명이 고도화하였습니다.

　최종 단계에서의 금성인은 겉모습이 현재의 지구인과 아주 닮았고, 지능지수로 말하면 IQ 3백 이상으로서, 남녀 모두가 진주와 같은 멋진 광채를 지닌 천인天人과 흡사했습니다. 특히 여성들은 지구상의 미스 유니버스들을 모아놓는다 해도, 그 아름다움에 가려질 만큼 아름다웠습니다. 꿈과 사랑과 미와 지성이 넘치는 금성의 유토피아가 그곳에 출현하였습니다.

　사람들은 '사랑'과 '지知'와 '반성', '발전'을 모토motto로 삼아 고도로 발달된 유토피아 사회를 건설하고 있었습니다. 그리고 금성 그 자체가 지상 보살계에 가까워졌을 무렵, 엘 미오레는 대우주의 근본불로부터 다음과 같은 의도를 전해 듣습니다.

　"금성에서의 문명실험은 예상 이상으로 빛나는 성공을 거뒀다. 완전한 대조화가 이룩된 지금, 이 이상의 진보는 어려울 것이다. 금성은 머지않아 화산의 대폭발이 예정되어 있어, 고등생명의 생존은 어려워질 것이다. 일부 금성인들은 우호관계가 있는 다른 성단의 혹성으로 이주시켜 다른 혹성의 진화에 도움이 되어야 한다. 남은 고급인령들은 금성영계金星靈界에 수억 년 머물러 이웃 지구영단의 창설에 참가해 주기 바란다. 지구에서는 한 번 더 제로zero에서부터 출발하게 되겠지만, 다시금 새로운 유토피아 창조를 해주기 바란다. 미지의 성단으로부터도 새로운 혼을 불러들여 교육시켜 은하계의 진화에 도움이 되었으면 한다."

이리하여 '지구를 어떻게 할까'하는 것이 다음 과제가 되었습니다.

금성에서 행한 생명실험 및 문명의 발달과 병행하여 46억 년 전 지구가 탄생하였을 때, 지구의 10차원 의식도 지상생명의 탄생에 대해 생각하고 있었습니다. 그들은 선진先進의 땅인 금성에서의 실험을 참고로 하면서, 금성보다도 생물의 생존조건이 좋은 지구에서는 보다 다이내믹dynamic하게 진화한다는 데에 중점을 둔 지구계 생명영단生命靈團의 구축을 검토하였습니다.

그래서 엘 미오레의 의견을 바탕으로 지구 10차원인 대일의식, 달의식, 지구의식의 세 대령은 지구상에서의 생명활동에 두 가지 기둥(지주支柱)을 기본으로 설정하기로 하였습니다. 첫 번째 기둥이란, 지상에 나타난 생명의 발현 수준에 상당한 상하의 차이, 높낮이의 차이를 갖도록 하는 것입니다. 두 번째 기둥이란, 지상에서의 생명활동을 단기간으로 하여, 다차원 세계와의 전생윤회轉生輪廻를 법칙으로 하는 것입니다.

첫 번째 기둥에 바탕을 두고, 지금으로부터 약 30억 년 전에 지구에 먼저 아메바와 플랑크톤의 종류를 만들기 시작하였습니다. 이것이 동물의 기본이 됩니다. 26억 년쯤 전부터 곰팡이 등의 균류菌類를 만들기 시작하여 이것을 식물의 시조로 삼았습니다. 그리고 나서 차츰 고도의 생명체를 지표에 내보냈던 셈입니다.

두 번째 기둥에 바탕을 둔 것으로는, 먼저 저급령계低級靈界를 만들었습니다. 이것은 현재의 4차원 유계幽界의 근원이 되는 것입니다. 그러나 아직 그다지 명확하지 않고, 베일모양의 영역靈域이 지표를 살짝 뒤덮고 있음에 불과하였습니다. 초기의 미생물이나 저급식물은 이 저급영계와 지표에서의 생명활동 사이에서 전생윤회를 되풀이하였습니다.

그리고 지금으로부터 6억 년쯤 전이 되자 '지구 혹성대령'들은 마침내 지구에 고급생명을 창조할 시기가 왔다는 것을 알아차립니다. 그래서 지구에도 9차원 영계를 만들고, 선진의 땅 금성에서 엘 미오레를 초빙하였습니다. 이 지구 최초의 인격 대령 엘 미오레가 먼저 담당한 것은 일찍이 금성에서 만든 초기의 영적 생명체를 이동시켜서 지상에 포유동물을 중심으로 하는 고등생물을 창조하는 것이었습니다.

그러면 어떻게 하여 고등생물을 창조해 갔을까요?

예를 들면, 쥐나 토끼나 개, 고양이의 이념으로써 저급영계에 의식체를 만듭니다. 그리하여 그것을 잇달아 지상에 현상화해 갔던 것입니다.

이와 같이 차츰 지상에 고급동물이 번성하고 전생윤회도 궤도에 오르기 시작했습니다. 그래서 엘 미오레는 10차원 의식들과 상의하여 '드디어 지상에 인류를 만들어야 할 때가 가까웠다'고 주장하였던 것입니다. 그리하여 지금으로부터 약 4억 년 전, 지상에 인류를 탄생시키게 되었습니다.

일찍이 금성의 지배자이며 지구영단 최초의 9차원 존재였던 엘 미오레는 이 무렵에 이름을 '엘 칸타아레'로 바꾸었습니다. '아름다운 빛의 나라, 지구'라는 의미입니다. 이 엘 칸타아레는 2천5백 수십 년 전에, 그 분신分身이 육체를 지니고 인도에 나타났습니다. 고타마 싯다르타, 석존이라 불리어진 분입니다.

지구영단의 발족

엘 칸타아레는 ① 인간에게도 의식 수준으로서의 높낮이 단계 차이를 설정하여 영원히 진화해 갈 수 있는 터를 만들 것, ② 인간의 지상생명은 단기간으로 하여 영계와의 사이를 전생윤회하도록 할 것, 이상의 두 가지를 기둥으로 하여 지구영단의 창설을 생각하였습니다.

그리하여 우선, 발달한 금성인의 영적 생명체를 사용하여 지상인간의 창조가 시도되었습니다. 그래서 엘 칸타아레는 자비와 지혜의 빛을 증폭시켜 9차원계次元界에 거대한 빛의 덩어리光球를 만들어 냈습니다. 그리고 이 빛의 덩어리에 금성인으로서 최고도로 발달한 인령을 들여보내어 재생 파워를 준 다음에, 이윽고 조그마한 빛으로 분할하여 지구 기원의 8차원 이하 앞 세계 빛의 지도령들을 수백 체體 창조하였습니다. 그리고 그들에게 개성을 주기 위하여 9차원 파워의 모든 힘을 다하여 지상에 물질화 현상을 일으켰습니다. 먼저 신기루와 같은 투명한 아지랑이가 지표에 나타나 차츰 사람의 그림자처럼 보이기 시작하여, 마지막에는 광채 찬란한 하얀 육체가 출현하였습니다. 엘 칸타아레는 그 아름다움과 됨됨이를 보고 기뻐하였습니다. 최초의 인류가 다섯 명, 열 명, 백 명 그리고 5백 명씩 잇달아 공중으로부터 출현하였을 때, 그들을 두 개의 집단으로 나누어, 오른쪽 반의 집단에는 금성인의 지혜와 용기의 빛을 던져주고, 왼쪽 반의 집단에는 마찬가지로 금성인의 우미함, 우아함의 성질을 띤 빛을 던져주었습니다. 이리하여 인류의 남성과 여성이 나뉘어졌습니다. 그들과 그녀들이 후에 그리스계, 혹은 불교계佛敎系의 뭇 여래, 뭇 보살, 관음 등이 되었던 고도로 진화된 혼을 갖는 인류였던 것입니다. 이윽고 그들의 육체자손도 늘어나, 우수한 금성인령들도 다수 지구인으로서의 육체생활 경험을 쌓았습니다. 그리하여 그들의 인구가 지상에서 7억 7천만 명을 넘었을 무렵의 일입니다.

엘 칸타아레는 자신이 창조한 고급인류의 자손들에게 지도자로서의 경험을 쌓도록 하기 위하여서는 유인원들보다 진화된 생물을 생활토록 하여, 그것들을 훈육하고 지도하게 만들 필요가 있음을 느꼈습니다. 그리하여 다른 혹성에서 인류형 생물을 도입하기로 결정하였습니다. 이 무렵, 다른 혹성으로부터 오는 이주계획을 입안하기 위하여, 사수자리의 9차원 의식 아모르(예수 그리스도), 백조자리의 세라빔(공자), 게자리로부터 '모리야'를 불러서 그들의 의견을 참고로 하였습니다.

그러나 당시 지상에는 공룡 등의 거대생물이 배회하기 시작하였기 때문에, 지상에 익숙하지 않은 이주민들이 생명을 빼앗길 염려가 있었습니다. 그 때문에 최초에 마젤란 성운Magellan 星雲의 혹성에서 온 인간을 닮은 생물들은 다소 자기현시욕과 자아가 강한, 전투성이 강한 종족이 되었습니다. 그런데도 그들은 고도의 과학기술을 가지고 있었기 때문에 우주선을 타고 지구로 왔습니다. 그 모습은 현재의 인류와 매우 닮았습니다만, 귀 끝이 뾰족하다는 것과 고양이와 같은 꼬리가 붙어 있는 것이 그들의 특징입니다. 이윽고 뾰족한 귀와 꼬리는 서서히 퇴화해 갔습니다만, 그들의 마음속에 남은 자기 이미지 때문에 천상계에 돌아가서도 일부 사람들은 천구天狗[18]나 선인仙人, 도깨비, 요괴 등의 모습으로 변화해 갔습니다.

엘 칸타아레계의 고급인류들은, 말하자면 왕가의 사람들로서, 그들 이주자들이 지구에 익숙해지도록 동화정책을 추진하였습니다.

그러나 이주자 가운데의 지도자들은 빛에너지의 총량은 많아도 안하무인 식의 난폭신亂暴神(황신荒神), 재앙신災殃神(재앙을 내리는 신)[19]과 같은 요소를 가진 자도 나타나 조화를 어지럽혔기 때문에 이들을 뒤쪽에 가두어 넣어, 천상계에도 8차원, 7차원, 6차원 세계에 앞쪽과 뒤쪽이 생기기 시작하였습니다.

이 뒤쪽 세계의 지도자 중 한 사람이 '엔릴'(9차원 뒤쪽 담당)이라고 불리는 존재로서, 후에 그의 직속부하의 한 사람인 '루시펠'이 지금으로부터 1억 2천만 년쯤 전에 지상에 사탄이란 이름으로 태어났을 때, 지위욕, 명예욕, 물질욕, 육체욕肉體慾에 빠져 타락하여 두 번 다시 고급령계高級靈界로 돌아올 수 없게 되자, 저위영계低位靈界에 지옥계를 만들어 반란을 일으켰던 것입니다. 그 후 그는 '루시퍼'라는 이름으로 지옥의 제왕이 되었습니다.

한편, 앞서 말한 마젤란 성운에서 왔던 이주민들이 자아가 강하고 다소 조화가 결여되어 있었기 때문에 엘 칸타아레는 새로운 인류의 도입을 결정하였습니다. 이렇게 해서 2억 7천만 년 전 오리온 성좌로부터 대거 10억 명의 대선단大船團이 지구로 비래飛來해 왔습니다. 이것이 우주로부터 온 두 번째 이주입니다. 당시 엘 칸타아레 계통의 금성인 영단靈團이면서, 지구에서 전생轉生의 경험을 쌓고 있던 자는 이미 백억 명을 넘었기 때문에 대규모 이민을 받아들일 수가 있었던 것입니다.

이때 9차원 대령으로서 3체가 찾아왔습니다. 즉, 아케메네, 오르곤, 그리고 카이트론입니다. 아케메네는 인도에서는 인류의 시조라는 전설과 함께 전해지는 '마누Manu'라고 불리는 고급령입니다. 오르곤은 '마이트레야Maitrayer 여래'라고 불리는 분으로서, 라무디아 대륙 시대, 아틀란티스 대륙 시대에 상당히 활약을 하였습니다만, 최근 일만 년쯤은 거의 지상에 나오지 않았습니다. 카이트론은 신지학神智學[20]에서 '쿠트후미Koot Hoomi'라고 하는 분입니다. 주로 과학기술을 담당합니다. 그리스에 태어나 '아르키메데스Archimedes'라고 불리었습니다. 근대에 다시 태어났습니다만 그 때에는 '뉴턴Newton'이라는 이름으로 불리던 분입니다.

이것을 기회로 하여 대영단大靈團을 수용하기 위하여 지구 5차원 선인계善人界가 정비되고 확충되었습니다. 그리고 약 1억 5천만 년 전, 엘 칸타아레의 본체가 지상에 하생하여 거대한 빛 문명光文明을 건설하였습니다. 지구적인 불법진리가 확립되고 다른 혹성인의 지도와 교육이 한층 더 진전되었습니다. 엘 칸타아레에게 귀의歸依하는 자들도 속출하여 지구인으로서의 공통의식이 생겨났습니다.

나아가 1억 3천만 년 전에는 엘 칸타아레 계통의 영단이 고급령계에서 분광分光현상을 반복하여, 개성령個性靈으로서 4백억 명을 넘는 혼군魂群을 확보한 것을 기념하여, 페가수스Pegasus라는 성좌에서 제3진으로 약 20억 명을 비래하게 만들었습니다. 이때 아홉 번째 '세오리야'와 열 번째의 '사마트리야'가 왔습니다. 세오리야는 지금으로부터 3천 수백 년 전 그리스에 태어난 '제우스Zeus'라는 분입니다. 사마트리야는 이란지방에 태어나 '조로아스터' 혹은 '마니'라고 불렸던 분입니다. 조로아스터교와 마니교를 만든 분입니다.

이렇게 해서 9차원에 열 사람이 모여서 지구영단의 지도체제가 잡혀 갔습니다.

그리고 이 무렵에 새로운 지구인을 위한 4차원 유계의 자리매김이 명확해지고 있었던 것입니다.

---

18) 천구 : 얼굴이 붉고, 코가 높으며 신통력이 있어 하늘을 자유자재로 날면서 깊은 산에 산다는 일본의 요괴. 자만심이 강하다.
19) 난폭신, 재앙신 : 자기의 말을 들으면 내버려 두지만, 말을 듣지 않으면 힘을 과시하거나 재앙을 내려서 말을 듣게 만드는 신. 인간을 시험하고, 인간과 계약을 맺어 엄한 계율로써 다스리기도 한다.
20) 신지학 : 인간에게 신비적인 영지靈智 있어, 이것에 의하여 직접 신을 볼 수 있다고 설명하는 신앙과 사상을 말함. 접신술接神術이라고도 함.

지구영단의 증가와 타락자의 출현

 지구영단은 이렇게 해서 1억 3천만 년 정도 전에는 엘 칸타아레 계통이 4백억 명 이상, 다른 혹성 계통이 3십 수억 명 정도로까지 불어나 있었습니다. 그러나 이 무렵에 다른 혹성인령惑星人靈을 대량으로 늘려야 한다는 제안이 엔릴을 중심으로 제안되었습니다. 엔릴의 생각에 의하면, 지구에 이주해 온 비교적 고도로 발달된 인령을 본체本體로 하여 다섯 명의 분신分身을 만들어, 각자로 하여금 교대로 지상생활을 하도록 하는 편이 혼魂의 학습상 효율이 좋다는 것이었습니다. 그래서 '파이트론'이라는 거대한 장치가 만들어져, 이 파이트론으로 고차원의 빛을 증폭시켜 본체에 조사照射함으로써 다섯 명의 분신을 탄생시켰습니다. 그러나 파이트론에 의한 인령人靈창조는 수억 명에서 중지되었습니다.
 그 이유는 파이트론에 의하여 창조된 분신 중에는 영격靈格이

낮은 자가 많아 지상생활을 경험하는 동안에 자기 자신이 본래 영靈이라는 것을 잊고 물질이나 육체번뇌에 얽매여 타락함으로써, 다른 정상적인 영들에게 해악을 끼치는 자가 늘어났기 때문입니다. 이러한 인령이 사후 저급영계에 자장磁場을 만들기 시작하여 4차원 유계幽界에 어두운 상념을 가진 사람들이 그룹을 만들기 시작하였습니다. 즉, 이것이 지옥계의 시작입니다. 엔릴의 실책은 최초로 이주할 때의 부조화 사태에 이어 또다시 엘 칸타아레의 엄한 지도를 받게 되었습니다.

더구나 1억 2천만 년 전에 루시퍼가 천상계의 고급령들에게 반란을 일으켜서 일대 지옥계를 만들어냈을 때, 그들의 상념 에너지의 먹구름으로 지옥계에는 두 번 다시 부처의 빛이 비치지 않게 되어 추운 암흑의 세계가 되었습니다.

게다가 곤란한 문제는, 4차원 유계의 일부에 이와 같은 암흑세계가 생겼기 때문에 3차원 지상계에도 부처의 빛이 비치지 않는 곳이 나타나기 시작한 것입니다. 비록 태양이 눈부시게 빛나고 있다고 해도 하늘에 구름이 끼면 지상에 그림자가 생겨 흐려지고 맙니다. 이와 마찬가지로, 1억 2천만 년 전부터 지금까지 3차원 지상계에 온갖 해악과 혼란이 일어나기 시작하였던 것입니다.

그 후 1억 년 이상의 기간 동안 이 3차원 현상계를 중심으로 지상을 정화하려는 고차원 뭇 여래, 뭇 보살들의 노력과 어떻게든 3차원에 자신들의 거처를 확장하여 지옥의 괴로움에서 벗어나려고 루시퍼를 필두로 하는 지옥의 악마와 악령들과의 항쟁이 계속되고 있는 것입니다. 이 때문에 엘 칸타아레는 몇 번이고 그 분신을 하생시켜서 깨달음의 힘에 의하여 빛의 지도령을 양성하는 강력한 지도체제를 만들어 갔던 것입니다.

나의 이 ≪태양의 법≫은 3차원 지상세계에 본래 부처의 빛을 빛나게 하기 위하여 한 번 더 불법진리의 태양의 빛을, 그 광채를 되찾기 위하여 쓰이고 있습니다.

여러분, 이러한 지구영단의 역사를 충분히 이해하신 다음에, 이제부터 내가 설해 가는 법이 얼마나 절실한 마음에서 발해지고 있는지를 헤아려 주시기 바랍니다. ≪태양의 법≫이란 본래의 빛의 세계, 불국토를 되찾기 위한 구세의 법입니다.

제2장

불법진리는 말한다

혼의 진실

    나는 제1장에서 우주 창조와 지구영단 성립의 역사에 대해 이야기하였습니다. 그 성립과정에서도 알 수 있듯이, 이른바 천지창조란 고차원의 존재가 하차원의 존재를 창조해 간다고 하는 역사였습니다. 말하자면 초고차원超高次元 근본불根本佛의 의지에 의하여 각 차원에 차례로 고급대령高級大靈이 만들어지고, 그리하여 항성의식과 혹성의식이 탄생된 뒤에 대우주 대령大宇宙大靈의 내부에 한 가지 이변이 일어나 그것이 3차원 우주의 기원이 되었으며, 거기서부터 이윽고 3차원 공간에 별이 생기고 성단星團이 생긴 다음에, 각각의 별, 또는 각 태양계에 9차원 이하 인격령人格靈의 생활공간이 생겨났다는 그런 과정입니다.

    우리 태양계에서도 지구를 중심으로 하는 영계단靈系團은 먼저

9차원 우주계층宇宙界層이 생겼습니다. 그 뒤에 8차원 여래계如來界 (금강계金剛界)가 생기고, 7차원 보살계菩薩界 (성천상계聖天上界), 6차원 광명계光明界 주3), 5차원 선인계善人界 주4), 4차원 유계幽界 (정령계精靈界 및 지옥계地獄界)가 완성되었던 것입니다.

각 차원에 대응하는 이 차원구조는 물론 다른 우주 공간에도 있습니다. 그러나 9차원 세계는 각 성단의 영계와 이어져 있습니다만 8차원 세계 이하는 각각의 별에 고유한 영계로서 발달하고 있는 것이 특징입니다.

이렇게 보면 보통 한마디로 혼魂이라고 부르는 각자의 생명체는 아득한 고차원의 근본불이 하위 수준에서 발현發現한 것이 명료해집니다. 즉, 근본불이란 여러분 이외의 별개의 곳에 있는 타인이 아니라, 여러분을 존재하도록 하는 하나의 고차적인 의식체입니다. 그러므로 여러분 자신도 부처의 의식체의 일부이며, 부처의 자기 표현의 발로發露의 일부라고 할 수 있습니다.

말하자면, 근본불은 자기 표현의 일단一端으로서 대우주를 만들고 대우주 안에 사는 생명체를 만들어 냈던 것입니다. 그것은 근본불 의식의 반영입니다. 그러므로 근본불이 대우주의 존속을 바라지 않게 되면, 이 무한하다고도 생각되는 3차원 우주 공간은 어느 날 홀연히 그 모습을 감춰 버리게 됩니다. 하물며 여러분 인간의 생명체도 부처가 자기 표현의 의사를 포기하면 순식간에 혼

적도 없이 모습을 감춰 버리는 덧없는 존재입니다. 하지만 이 덧없는 존재이기도 한 여러분 개인의 생명체도 부처의 의식체의 일부라는 의미에서는 대단히 고도의 존재라고 할 수 있습니다.

그러므로 여러분은 자기 자신이 부처의 일부이며 부처의 자기표현의 일단을 맡고 있다는 사실에 긍지와 자신을 가져야 합니다. 이것이야말로 혼의 진실입니다. 과거의 종교, 고도의 철학은 지상의 인간에게 이것을 깨닫도록 하기 위하여 계승되고 발전되어 왔다고 할 수 있습니다. 현재 진보가 현저한 자연과학, 우주과학도 그 궁극의 목적은 이 혼의 진실을 밝히는 데에 있습니다.

여러분이 위대한 부처의 의식체의 일부라고 하는 훌륭한 진실, 혼의 진실을 기점으로 하여 이제부터 혼으로서 마땅히 있어야 할 모습, 인간이라는 생명체로서 마땅히 있어야 할 모습에 대해 이야기해 가고자 합니다. 그리고 그러한 가운데 불법진리가 명확해질 것을 확신하고 있습니다.

주3) 6차원 광명계 : 종래 6차원 신계神界라는 말을 자주 사용했으나, 일본 신도계의 신들에게도 불교적으로 말하는 8차원 여래계나 7차원 보살계에 존재하는 분들이 많으므로, 야오요로즈八百萬의 신들을 일괄적으로 6차원 수준이라고는 말할 수 없고, 오해를 낳는 '신계'라는 말을 이번부터 '광명계'로 고치기로 한다.

주4) 5차원 선인계 : 5차원 세계도 좁은 의미의 '영계'라는 의미에서 '5차원 영계'라고 말해 왔으나, 영계 자체에 대해서는 4차원 이상, 9차원을 넘는 넓은 의미에서의 '영계'가 있기 때문에, 5차원 세계의 특징이 선인善人의 주거임을 살려서, 이후 '5차원 선인계' 또는 '선인계善人界'라고 표기하기로 한다.

혼의 성질

 그러면 부처의 일부라고도 말해지는 인간의 생명체인 혼에는 대체 어떠한 성질이 있을까요? 여러분은 혼의 성질을 탐구함으로써 부처의 성질, 성격의 일단이나마 엿볼 수 있을 것입니다.
 혼에는 몇 가지 특징이 있습니다. 그 첫 번째 특징은 창조적 성질입니다. 혼은 자기 의사에 의하여 자유자재로 자신을 새로이 바꾸어 가는 성질이 주어져 있습니다. 즉, 어떠한 생각을 가진 의식체인지를 자기 자신이 결정할 수 있다는 것입니다.
 예를 들면, 사랑을 최고도로 발휘할 수도 있고 자유를 최고도로 발휘할 수도 있습니다. 마음의 생각에 의하여 내재하는 빛의 양을 컨트롤하는 것도 자유자재이고, 고차원적인 존재로 자기 자신을 높여갈 수도 있으며, 빛의 양을 떨어뜨려서 하차원적 존재가 되는 것도 가능합니다.

그렇다면 악을 저지르거나 악을 생각하거나 타락하는 것도 혼의 성질일까요? 지옥에 떨어지거나 지옥을 만들거나 하는 것도 혼의 창조성에 의한 것일까요?
　'그래, 그렇다. 아니, 아니다'. 이것이 답입니다.
　왜 '그렇다'인가, 즉, 혼에게는 창조의 자유가 주어졌고 자유가 자유인 까닭은 규제가 없고 방해하는 것이 없기 때문입니다. 만약 규제나 방해가 있다면 그것은 자유가 아니라 부자유가 됩니다. 한편 왜 '아니다'인가에 대해서는, 혼 그 자체의 본래 목적은 악을 저지르거나 지옥을 만들도록 되어 있지는 않기 때문입니다. 악이란 혼 그 자체 속에 내재하는 성질이 아닙니다. 악이란 혼 상호 간의 자유와 자유가 상극하는 데서 생겨난 왜곡이며 일그러짐입니다.

　인간은 애초에 자기 혼자서는 어떠한 악도 저지를 수 없습니다. 즉, 악이란 타인의 존재, 다른 생명의 존재, 혹은 다른 물체의 존재로 인하여 비로소 그 모습을 나타내는 것이기 때문입니다.
　고래로부터 선악 이원론善惡二元論에 대해서는 여러 가지로 말해져 왔습니다. 그 근본 문제는 부처가 만드신 세계에 '왜 악이 존재하는가, 악이란 부처 자신 속에 내재하는 성질인가'하는 것이었습니다. 그러나 악은 말할 것도 없이 부처 자신의 성질, 즉, 불성佛性은 아닙니다. 악이란 부처의 대원성취大願成就를 저해하는 것입니다. 혹은 부처로부터 자유가 주어진 자끼리의 상극, 서로의 자유와 자유가 맞부딪쳐서 일정시간 동안 왜곡이나 일그러짐이 마음의 세계, 혹은 현상세계에 나타난 것에 지나지 않습니다. 즉, 근원적 존재론으로서가 아니라 기능론, 행위론으로서 악은 있습니다.

혼의 두 번째 특징으로는 부처의 빛을 집중, 발산하는 중추中樞로서의 기능과 성질을 가지고 있다는 것입니다.
부처의 빛이란 무엇인가? 그것은 곧 대우주에 충만해 있는 부처의 에너지입니다. 지상계에 태양의 빛이 있듯이 4차원 이후의 다차원 우주, 고차원 우주에 찬란히 내리쬐고 있는 열에너지, 그것이 바로 부처의 빛입니다. 지상세계의 생물은 태양의 열에너지 없이는 살아갈 수가 없습니다. 그와 마찬가지로, 4차원 이후의 실재세계에서도 부처의 빛, 부처의 열에너지 없이 생명체는 살아갈 수 없습니다.
혼 안에는 이 부처의 빛을 집중하거나 흡수하거나 발산·증폭하는 성질이 있다는 것입니다. 그리고 부처의 빛을 대량으로 흡수하여 그것을 대량으로 방출할 수 있는 사람을 '빛의 양이 많은 사람'이라고 합니다. 이른바 빛의 지도령이라고 불리는 분들입니다. 즉, 여래나 보살이라고 불리는 분은 부처의 빛을 집중, 방사하기 위한 거대한 기능을 가지고 있어서 다른 사람들에게 빛을 보내줄 수가 있습니다. 말하자면 사람들의 마음에 광명을 만들어 갈 수가 있는 것입니다.

인간의 혼은 모두 부처의 빛을 흡수하고 발산하며 살고 있습니다. 그러나 세상을 빛내고 사람들의 마음을 광명으로 채우기 위하여 부처의 빛을 방사하는 고급령, 뭇 여래, 뭇 보살이라는 빛의 지도령(빛의 천사)들은 다른 사람들을 위하여 부처의 빛을 공급할 수 있는 사람들입니다.

혼은 부처의 빛을 집중하고 발산하는 기능을 가지고 있는 셈입니다만, 그러면 지옥계에 있는 악령들은 어떨까요? 그들에게는 부처의 빛에너지 공급이 끊겨 있을 것입니다. 끊겨 있다기보다도 오히려 그들은 스스로가 만든 거대한 악상념惡想念의 에너지로, 그 먹구름으로, 부처의 빛을 차단하고 있다고 하는 편이 좋을 것입니다.

즉, 그들은 동굴 속같이 어둡고 음침한 곳에서 생활을 하고 있습니다. 그들은 이미 부처의 에너지를 생명의 양식으로 삼고 있지 않습니다. 그 이유는 그들이 에너지원으로 삼는 것은 지상계 사람들의 마음에서 만들어내는 악상념이기 때문입니다. 지상계 사람들은 부처의 빛을 정신에너지로서 흡수하는 한편, 음식물을 섭취하여 그것을 생활에너지로 전환하고 있는, 말하자면 자가발전自家發電을 하는 존재라고 할 수 있습니다. 그리고 이 자가발전의 전력電力을 도둑질하러 오는 것이 실은 지옥령들입니다. 지상 사람들 마음의 흐릿한 부분, 새까만 부분에 콘센트를 꽂아 거기서부터 에너지를 빼앗고 있습니다. 즉, 잇달아 자꾸 인간에게 빙의憑依[21]하여 그 사람의 에너지를 빼앗고 활력을 빼앗아 그 사람의 인생을 뒤틀어지게 하는, 그들은 말하자면 살아 있는 인간의 에너지를 빼앗는 흡혈귀입니다.

　이러한 지옥령에게 빙의 당하지 않게 하려면 그들이 콘센트를 꽂을 수 없게 해야 합니다. 그러기 위하여서는 지옥령과 통하는 부분, 즉, 마음에 어둡고 음습한 부분을 만들지 않도록 해야 합니다. 여하튼 마음속에 부처의 빛을 받아들이지 않는 암세포를 만들지 말아야 합니다. 그렇게 하면 지옥령들은 에너지의 공급이 끊기기 때문에 지옥이라는 것은 없어질 것입니다.

---

21) 빙의 : 영이 옮겨 붙는 것.

부처의 화신

　그러면 '빛의 보살이란 대체 무엇인가'하는 것을 중심으로 이야기를 하고자 합니다.
　천사天使라고 하면 기독교적이고, 보살菩薩이라고 하면 불교적인 느낌이 듭니다. 그러나 불교에서 말하는 여래如來 가운데에는 일부 기독교의 대천사가 포함되어 있고, 보살이란 말에도 천사라는 의미가 내포되어 있습니다.
　이미 말한 바 있습니다만 본래 불교도 기독교도 불법진리임에는 변함이 없습니다. 다만, 개조開祖22)의 개성에 따라 빛의 색깔이 다를 뿐이므로, 고급령들을 가리켜 '빛의 대지도령大指導靈'이라고 하든 '빛의 천사'라고 하든, 그 의미에 큰 차이는 없습니다. 즉, 그들은 일반적인 혼, 보통 사람들이 보면 부처의 화신이라고도 할 만한 존재라는 뜻입니다.

그러면 왜 이와 같이 부처의 화신化身이라고도 할 만한 고급령 高級靈이 존재하는 것이겠습니까? 부처가 인간을 평등하게 창조하였다고 하면 이러한 고급령이 존재하는 것 자체가 이미 인격에 차별을 두고 있는 것이 아니겠습니까? 평범한 인간은 어디까지나 평범하게, 고급 인간은 어디까지나 고급스럽게, 같은 인간으로서 제각기 살면 되는 것이 아니겠습니까?

한편으로 '고급령이 있으면서 다른 한편으로 왜 저급령이 있는가'하는 물음에 대해서는, 부처의 세계관은 '평등'과 '공평'이라는 두 가지 관점에서 성립되어 있다는 것부터 답해 가지 않으면 안 될 것입니다.

모든 인간, 모든 동물, 모든 식물, 모든 광물에 불성佛性이 깃들어 있다는 사실, 비록 현상으로는 어떻게 나타나 있든 간에 만상만물萬象萬物은 모두 부처의 의지의 발로發露라는 사실, 이것은 움직이기 힘든 불법진리입니다.

바꾸어 말하면 살아 있는 모든 것, 만상만물은 모두 부처의 예지叡智라는 이름의 다이아몬드로 만들어져 있다는 것입니다. 인간을 인간이도록 하기 위하여, 식물을 식물이도록 하기 위하여, 부처는 갖가지 다이아몬드를 아로새겨서 생생한 조형미를 빚어내고 있습니다. 그리고 어느 한 인간을 들어보더라도, 어느 한 동물을 들어보더라도, 어느 한 식물을 들어보더라도, 그 모두가 예지라는 이름의 부처의 다이아몬드로 만들어져 있다는 것, 그것이 진실입니다.

이것이 불교에서 말하는 만물에 깃들인 불성이며 인간을 '부처의 자녀'로서 파악하는 사상입니다. 따라서 고급령이든 저급령이든, 부처의 생명을 체현體現하고 있다는 점에서는 모두 평등합니다. 평등하지 않다는 것은 '고급', '저급'이라는 말의 느낌에 현혹되고 있음에 지나지 않습니다.

요컨대, 고도로 진화된 영과 진화 도중에 있는 영, 그리고 발달하지 못한 영이 있을 따름입니다. 모두 같은 길을 걷고 있는 자입니다만 요는 앞쪽을 걷는 자와 뒤쪽을 걷는 자와의 차이가 있다는 뜻입니다.

고도로 진화된 빛의 지도령이란 만들어진지 오래된 혼이기 때문에 목적지인 부처의 경애境涯(경지)와 가까운 앞쪽을 걷고 있습니다. 한편 발달하지 못한 영이란 그 대부분의 경우에 혼이 만들어진 것이 새롭고, 새롭기 때문에 뒤쪽을 걷고 있을 뿐입니다. 과연 이것을 불평등이라고 할 수 있습니까? 자기가 걸은 분량을, 그 거리를 거리로서 평가하는 것 자체를 불평등이라고 할 수 있습니까?

그것은 평등, 불평등이 아니라 공평이라는 관점에서 평가되어야 할 것입니다. 비록 오래된 혼이라 해도 반드시 순조롭게 길을 가고 있다고만 할 수 없습니다. 길을 되돌아오는 사람이 있기 때문입니다. 예를 들면, 원래 천사였음에도 불구하고 지옥의 악마가 되었거나 하는 자는, 상당한 거리를 앞서 걷고 있던 자가 무엇을 잘못 생각하였는지 도중에 길을 되돌아 온 경우입니다. 이러한 영은 발달하지 못한 영이라고 하기보다는 오히려 퇴화한 영이라고 해야 할 것입니다.

부처는 모든 영에게 부처를 향한 한 가지 길을 걸어가게 하고 있다는 점에서는 평등을 지키고 계십니다. 또한 모든 영이 부처를 향해 걸어간 만큼의 거리로 평가하신다는 점에서 공평을 지키고 계십니다.

그러므로 부처의 화신이라고도 불리는 고급령은 그만큼의 실적과 역할이 주어져 있는 것이며, 모든 영은 또한 그러한 고급령 쪽으로 가까이 가기 위하여 영원한 수행을 하고 있는 것입니다.

---

22) 개조 : 가르침이나 종교의 시조始祖.

혼의 구조

인간의 영靈 또는 혼魂에는 발달의 차이가 있으며, 그것을 설명하는 입장으로는 '평등'과 '공평'이라는 부처의 관점이 있다는 이야기를 하였습니다. 그러면 다음에는 혼의 구조에 대해 말해 보고자 합니다.

흔히 본체本體와 분신分身이 있다거나, 지상에 나와 있는 인간의 혼은 일부분, 즉, 표면의식表面意識의 부분이고, 그 배후의 실재계에는 잠재의식潛在意識이 있다고 이야기되고 있습니다. 그 점에 대한 이해를 보다 명확하게 하기 위하여 나의 생각을 서술하기로 하겠습니다.

애초에 20차원 이후의 존재라고 인식되는 근원의 부처가 대우주 대령인 13차원 의식을 만들었던 셈입니다. 그리고 13차원 의식이 12차원 성단의식星團意識을 만들었고, 12차원 의식이 11차원 항성의식을 만들었고, 11차원 의식이 10차원 혹성의식을 낳았습니다. 인격을 가진 의식이 존재하기 시작하는 것은 9차원부터입니다. 이것을 9차원 대령大靈이라고 합니다.

 9차원 대령은 개성을 갖는 의식체입니다만, 인간의 인체에 깃들이기에는 에너지체로서는 너무나도 거대합니다. 그래서 9차원 대령이 3차원에 육체를 가질 경우에는 그 의식체의 일부를 사용하여 나옵니다. 때문에 고타마 싯다르타나 예수 그리스도는 각각 9차원 대령의 일부가 개성화個性化하여 인체에 깃들이어, 그 사람됨을 나타내는 혼이 되었던 것입니다.

 이와 같이 혼은 어디까지나 인간으로서의 개성을 가진 영이며, 육체를 떠나 9차원으로 돌아가면 대령 속의 기억의 일부 영역에 수록되고 맙니다. 이 관점에서 생각한다면 9차원 대령은 혼의 숫자로서는 무수히 많이 분리될 수가 있다는 말이 됩니다. 이른바 자유자재입니다.

 그러나 8차원 여래계의 빛의 대지도령이 되면 사정이 약간 달라집니다. 그들도 물론 대령이기는 합니다만 개성화와 인격화人格化가 꽤 진행되어 있습니다. 그리고 대부분의 경우는 하나의 통일된 영으로서 천상계에서 생활하고 있습니다만, 필요하면 몇 체體로도 분리되어 활동합니다. 약사여래藥師如來라면 약사여래로서의 통일된 8차원 인격은 있습니다만, 예를 들어 의료관계에서의 활약이 기대되는 시기라면 몇천 체, 몇만 체로도 분광分光하여 세계 각국의 지상인地上人이나 영인靈人들을 지도하기 시작합니다. 즉, 8차원 여래는 통일 인격을 가진 채, 동일 목적을 위하여서라면 필요한 수만큼, 필요한 작용의 수만큼의 분령分靈이 가능합니다. 9차원 대령이 빛의 성질은 하나이면서 다목적多目的의 인격을 취할 수 있는 것과 이 점이 다릅니다.

7차원 보살계가 되면, 인격령으로서의 개성화가 뚜렷해집니다. 즉, 8차원 이상의 영이면 지상계에 나온 적이 없는 의식체가 천상계에 있습니다만, 7차원령靈의 전부는 인간령人間靈으로서의 경험을 쌓고 있기 때문입니다. 엘 칸타아레 계통의 7차원령은 팀워크를 중시하여 원칙적으로 여섯 명이 한 조가 되어 있습니다. 여섯 명 가운데 가장 중심적인 지도자 역할을 하는 영을 '본체'라고 하며, 다른 다섯 명을 '분신'이라고 합니다. 그리하여 이 여섯 명이 교대로 지상에서 보살행菩薩行을 하며, 원칙적으로 다음에 지상에 나올 예정인 자가 학습을 겸해 수호령守護靈을 맡게 되어 있습니다. 그러나 복잡한 현대사회에 대응하기 위하여 가장 최근에 지상에 육체를 가졌던 영이 수호하는 경우가 늘어나고 있습니다. 각자의 경험은 모두 공유되며, 혼의 경향은 같습니다.

예를 들면, 인간이 동체胴體와 두 팔, 두 다리, 머리라는 여섯 개의 구성요소로 만들어져 있듯이 여섯 명의 혼의 그룹이 하나의 영을 만들고 있는 것입니다.

그러나 6차원 광명계에 들어오면 여섯 명이 일체一體라는 의식은 거의 가질 수 없게 되어 각자가 개별화하게 됩니다. 그러므로 그들에게 혼의 형제라거나 본체, 분신이란 말을 해도 다소간 통하기 힘들어집니다.

이 광명계 이하의 세계에서는 지금으로부터 1억 여 년 전에 '파이트론'이라는 고차원의 빛을 증폭하고 방사하는 거대장치에 의하여 원래 있던 6차원 수준의 혼을 본체로 하여, 새로이 다섯 명의 분신, 복제인령複製人靈으로서 만들어진 자도 있습니다. 그러나 분신 부분은 영격이 다소 떨어져, 주로 4차원 유계나, 5차원 선인계의 거주민이 되었던 것 같습니다. 이러한 인령의 영격을 높일 필요가 있어 지금까지의 1억 여 년 동안에 인간은 이 세상과 저 세상의 세계를 전생윤회하게 되었습니다.

6차원 이하의 세계에서는 각자가 지상에서 혼수행魂修行을 할 때 주로 본체 부분이 수호나 지도를 하는 것 같습니다. 다만 원래의 본체와 분신의 합이 여섯 명이라는 조합으로는 지상경험의 차이로 인하여 의식에 극단적인 차이가 생겨 부적합해질 경우에는, 부처의 빛을 받고 그룹의 재편성도 일부 일어나고 있습니다.

수호령과 지도령의 구조

종교의 세계에서는 '수호령', '지도령指導靈'이라는 말이 흔히 사용되고 있습니다. 그래서 이 말들에 대해 설명을 해두기로 하겠습니다.

우선은 수호령에 대해서입니다만 '각자에게는 수호령이 붙어 있다거나 수호령에게 힘이 있으면 인생이 호전되지만 수호령에게 힘이 없으면 불운해진다'라고 흔히들 말합니다. 결론부터 먼저 말하면, 수호령은 역시 존재하며, 더구나 각자에게 한 명씩 할당되어 있습니다. 그리하여 수호령의 힘에 의하여 그 인생이 좌우된다고 하는 것은 어느 정도 진실입니다.

그러면 왜 수호령이 살아 있는 인간을 저 세상, 즉, 실재계로부터 수호하게 되었는지, 그 비밀을 밝히고자 합니다.

약 3억 수천만 년 전 엘 칸타아레 계통의 고급인류가 지상에 살기 시작했을 무렵에는 지상에서 생활하는 인간에게는 수호령이 붙어 있지 않았습니다. 그러나 지상생활을 하는 사람들은 마음이 맑았기 때문에 실재계의 영과 직접 교신할 수가 있었습니다.

이 무렵에는 아직 지옥계도 없었고 악령은 존재하지 않았습니다. 따라서 특별히 수호령을 붙여서 지켜주지 않아도 아무런 걱정이 없었던 것입니다.

하지만 지금으로부터 1억 2천만 년 전이 되자 천상계의 가장 하단, 4차원 유계 안에 부조화不調和한 염念을 가진 영들이 어두운 지옥계를 만들기 시작하였습니다. 더군다나 그들은 부처의 빛에너지가 들어오지 않기 때문에 지상계를 혼란에 빠뜨려, 사람들로 하여금 욕망과 악과 부조화한 상념 에너지를 만들어내게 하여, 그것을 그들의 생명의 양식으로 삼기 시작하였던 것입니다. 이와 같은 일은 전혀 예상하지 못하였던 사태의 출현이었습니다. 지옥령들은 지상계 인간의 마음에 숨어들어 부조화, 투쟁, 노여움, 시기, 불평 등의 마음을 일으키게 하여, 세상을 불신과 혼란의 소용돌이 속으로 빠뜨리려고 획책하기 시작하였던 것입니다.

이 때문에 천상계에서는 빛의 지도령들이 긴급회의를 열어 대책을 세우게 되었습니다. 그때 아모르, 즉, 현재의 예수 그리스도의 제안으로 다음의 세 가지를 결정하였던 것입니다.

1. 악령의 완전 지배를 피하기 위하여, 금후 지상계의 인간에게는 원칙적으로 영계와 서로 통하지 않게 하여, 물질세계에서 보다 나은 인생을 선택해 가는 방향으로 노력하게 한다.
2. 지상에 태어날 때 각자에게 수호령을 한 명씩 붙여 지옥계의 유혹으로부터 몸을 지키도록 한다.
3. 실재계의 일을 완전히 망각해 버려서는 곤란하므로, 금후 일정한 주기마다 빛의 대지도령을 지상에 파견하여 종교를 설하도록 하여, 저 세상의 실재세계에 대해 사람들에게 알린다.

이 세 가지 원칙은 그 후 1억 년 이상에 걸쳐 지켜지고 있습니다. 그러나 지옥계가 꽤 거대한 것이 되었기 때문에 수호령 한 명의 힘만으로는 혼수행을 하는 인간을 완전하게 지키기가 너무나 어려워지게 되었습니다. 더군다나 종교가宗敎家 이외의 일반 사람들은 영계통신이 금지되어, 따라서 과거세過去世의 기억을 생각해 낼 수 없게 되었기 때문에 도리어 이 세상의 물질적 욕망에 빠져들게 되었습니다.

나아가, 빛의 지도령이 일정기간을 두고 지상에서 종교를 일으켰던 것의 부작용이라고도 할 종교 간의 싸움, 종파 간의 싸움이 일어나기 시작하였습니다. 그에 편승하여 지옥의 악마와 마왕이 종교가의 마음속에도 숨어들기 시작하여 잘못된 가르침을 설하게 만들었기 때문에, 지상에 더욱 혼란이 야기되어 갔던 것입니다.

이와 같은 사태를 배경으로 우리의 불법진리 전도가 의미를 가지고 긴급성을 띠고 있음은 당연합니다만, 거기에 더하여 수호령의 시스템에도 개량을 가하지 않으면 안되게 되었다고 할 수 있습니다.

원칙적으로 수호령은 영계에서의 분광할 때 갈라진 혼의 그룹이나 '본체와 분신' 방식으로 만들어진 여섯 명의 그룹 중 한 사람이 맡고 있습니다만, 지상에 나오는 사람의 사명이 커서 반드시 그 실현이 기대될 경우에는 그 사람의 인생의 최대 관심사를 전문으로 하는 지도령을 붙이기로 하였습니다.

특히 종교가에게는 그 사람 본래의 영격 이상의 힘을 가진 여래 혹은 보살을 지도령으로 삼게 되었습니다. 이처럼 수호 및 지도령 체제가 자리를 잡아갔습니다만, 지상생활을 하는 사람들은 여전히 갖가지 악령들에 의하여 계속 운명을 농락당하고 있는 것 같습니다.

혼의 진화

 과거 1억 년 남짓 지옥계와의 관계로 지상이 크게 혼란했던 셈입니다만, 지구계 영단 모두가 퇴화해 갔던 것은 아니며, 긴 안목으로 본다면, 다른 한편에서는 꾸준한 진보에도 눈부신 면이 있습니다. 이것이 혼魂의 진화라는 것입니다.
 처음 이 지구에 태어난 혼일지라도 꽤 진화한 혼은 있습니다. 전생윤회를 되풀이할 적마다 4차원에서 5차원으로, 5차원에서 6차원으로, 6차원에서 7차원으로 차례차례 진화를 이룬 우수한 혼이 있습니다. 때문에 다른 혹성에서 온 고급령들과 어깨를 나란히 하게 된 지구출신의 고급령도 나왔습니다. 지구에서 만들어진 혼 가운데 9차원 우주계까지 진화한 혼은 아직 없습니다만, 8차원 여래계까지 진화한 혼은 있어, 고차원 영들을 매우 기쁘게 하고 있습니다.

이러한 일이야말로 그들이 당초에 지구영단을 만들었을 때의 진의眞意입니다. 또한 고급령들이 원래 있던 별에서 떠나 왔을 때, 원래 있던 별 이상으로 훌륭하게 조화되고 진화된 별인 지구를 만들기 위하여 희망으로 가슴을 부풀리던 것이 바야흐로 실현되어 가는 것을 의미합니다.

현재 8차원 여래계에는 500명 가까운 뭇 여래들이 있고, 7차원 보살계에는 약 1만 9천 명의 뭇 보살들이 있습니다. 지구에서 처음으로 8차원 여래가 된 사람은 130명, 7차원 보살계에 접어든 사람은 7천 명 정도입니다. 또한 파이트론에 의하여 새로이 만들어진 사람일지라도 6차원 상단계의 제천선신諸天善神이나 7차원의 보살이 된 사람이 꽤 많습니다. 지옥계의 증대라는 어두운 뉴스가 있는 반면에는 이러한 밝은 소식도 있습니다.

그러면 왜 이러한 혼의 진화가 있는 것일까요? 또 어떻게 하면 진화해 가는 것일까요? 이 문제에 답해 가고자 합니다.

먼저 '왜 혼의 진화가 있는가'입니다만, 이것은 역시 사물의 근본으로 거슬러 올라가 생각해 볼 필요가 있습니다. 즉, 왜 진화를 요하는지를 생각하기 전에, 왜 부처는 여러 가지 단계의 혼을 만들었는가, 이것이 중요합니다.

만약 고도로 진화하는 것만이 목적이라면 부처 자신은 최고도로 진화되어 있는 셈이므로, 굳이 저차원의 혼을 만들어 그 진화를 목적으로 하는 것은 불필요하고 이론적으로도 반드시 일리가 있다고는 할 수가 없습니다. 부처가 여러 단계의 의식과 혼을 만들어 그 진화를 목표로 하는 것은 진화 그 자체가 아니라 진화에 수반되는 부차적인 것을 바라셨기 때문입니다.

예를 들어 부모가 부모로서 완성된 것이라면, 왜 부모는 자녀를 만들어 기를 필요가 있습니까? 그것은 자녀를 완성된 어버이로 키워 내는 것이 목적이 아니라, 자녀를 낳아 기르는 가운데 기쁨이 뒤따르기 때문입니다. 그럼으로써 가정이 즐거워지고 거기에 행복이 펼쳐지기 때문입니다.

부처가 여러 수준의 의식과 혼을 만드시고, 각각의 진화와 발전을 바라고 계시는 것은, 진화되어 간다는 것 자체에 기쁨을 수반하기 때문입니다. 즉, 대우주의 창조, 그리고 각 생명체의 창조는 진화를 목표로 삼음으로써 부처의 기쁨의 표현이 되고 행복의 원천이 되는 것입니다.

이것이 대우주 진화법칙의 근본적인 이유입니다. 스스로가 창조한 의식과 혼이 꾸준히 진화, 발전, 향상하여, 자신을 목표로 성장해 오는 것을 부처는 한없이 부드러운 애정의 눈으로써 지켜보고 계시는 것입니다.

다음으로, 어떻게 하면 혼은 진화할 수 있는지에 대해 설명하겠습니다.

혼의 진화를 나타내는 한 가지 지표는 빛의 양입니다. 실재계에서는 빛의 양을 보면 혼의 성장도가 일목요연一目瞭然합니다. 이것은 지상에 나와 있는 인간도 마찬가지로, 그 사람의 혼의 수행이 진전되어 깨달음이 높아짐에 따라 빛의 양이 점점 더 늘어납니다. 그러므로 이른바 후광後光이라는 것이 비쳐 나와, 영시靈視가 가능한 사람이 보면 그 사람의 깨달음 단계를 간단히 알아버리고 맙니다.

마음이 지옥계와 통해 있는 사람은 그 후광도 어두워 흐릿해 있고, 여기저기 지옥령에게 빙의된 부분이 하얗게 되어 움직이거나 하기 때문에 금방 알 수 있습니다. 마음이 4차원 유계(정령계)와 통해 있는 사람은 전신全身 및 후두부에 1, 2센티미터 가량의 오라aura가 나와 있을 뿐입니다. 마음이 5차원 선인계와 통해 있는 사람은 후두부에 3, 4센티미터 가량의 후광이 나와 있습니다.

마음이 6차원 광명계와 통하게 되면 후광도 둥글고 커져서 10센티미터 가량은 나와 있습니다. 6차원에서도 상단계의 아라한阿羅漢이나 제천선신이 되면, 후광은 작은 쟁반처럼 되어 금빛으로 빛나고 있습니다. 7차원의 보살계의 마음과 통해 있으면 어깨 위에 40~50센티미터 가량의 금고리가 드리워져 있습니다. 그리고 8차원 여래계의 마음과 통하면 그 주위가 어슴푸레 밝아질 정도의 빛이 1, 2미터에 걸쳐 방사되고 있습니다.

이와 같이 혼의 진화는 그 빛의 양에 의하여 나타낼 수 있습니다. 즉, 혼이 진화되기 위해서는 부처의 빛을 가능한 한 많이 받아들일 수 있는 그릇이 되지 않으면 안된다는 것입니다. 그러므로 그렇게 되기 위해서는 자신의 마음에 부처의 빛을 가로막을 만한 구름을 만들지 않도록 해야 합니다. 그리고 혼의 수행을 열심히 쌓아 그릇을 키워 가지 않으면 안됩니다.

마음과 혼의 관계

본 절에서는 마음과 혼魄이라는 문제에 들어가고자 합니다.

나는 이미 의식意識이라는 말, 영靈이라는 말, 나아가 혼이라는 말을 사용해 왔습니다. 이 말들의 사용법은 꼭 엄밀한 것은 아닙니다만, 의식 → 영 → 혼이 됨에 따라 점점 인간적인 속성이 강해진다고 생각해도 좋습니다.

그러면 혼과 마음은 같은가, 다른가? 이 점에 대해 설명해 가기로 하겠습니다.

결론부터 말하면 마음이란 혼 안의 중핵부분中核部分이라고 할 수 있습니다. 인간의 신체 중심에 심장이 있듯이, 혼이라고 하여 인체에 해당하는 영 속에는 마음이라는 중심부분이 있습니다. 마음은 머릿속에 있는 것도 아니거니와 대뇌의 주름이나 뇌세포 속에 있는 것도 아닙니다.

그 증거로 인간이 죽어서 저 세상에 돌아가도 살아 있을 때의 기억은 조금도 상실되지 않습니다. 육체가 멸실되면 대뇌의 조직도 당연히 이 지상에서 모습을 감추고, 화장火葬되어 대기 속의 이산화탄소나 다른 것이 되고 말 것입니다. 그러나 대뇌가 상실되어도 혼은 생각할 수 있으며, 느낄 수도 있고 기억할 수도 있습니다. 즉, 뇌라는 곳은 갖가지 정보를 파일해 둔 책꽂이이며, 정보 제어실이라고 할 수 있습니다. 그러므로 정보 제어실인 뇌가 손상을 입으면 인간은 합리적인 판단과 행동을 할 수 없게 됩니다. 왜냐하면 육체조직의 지휘 및 명령계통이 혼란에 빠지기 때문입니다.

예를 들어 뇌의 외상으로 인하여 정신병자가 된 사람이 있다고 합시다. 이 사람의 가족은 이미 본인에게는 무슨 말을 해도 이해하지 못한다고 생각할 지도 모릅니다. 그러나 실은 그렇지 않습니다. 정신이 병들었다고 해도 그 사람은 가족이 말하는 것을 알 수 있습니다. 즉, 마음에 의하여 혼의 중심부분을 통해 모두 이해하고 있습니다. 다만 이해하고 있다는 것을 표현할 수가 없어서 난동을 부리고 있는 것에 지나지 않습니다. 그러므로 살아 있을 때에 신체적인 부전不全에 의하여 정신병자가 되었어도, 죽어서 저 세상으로 돌아가면 정상적인 인간과 같은 사고활동을 하고 있습니다.

　마음이 뇌에 없다면, 그러면 심장에 있는 것입니까? 혼이 마음을 인식할 때에 심장은 분명히 위치적인 감각으로는 마음과 가까운 부위에 있습니다. 그러나 본래 심장이란 체내의 혈액순환을 담당하는 기관이지 마음 자체는 아닙니다. 다만 예로부터 흔히 말하듯 마음이 동요하면 심장이 두근거리기 시작하기도 하고, 비탄에 잠기면 심장이 압박되어 가슴이 아프기도 하고, 혹은 너무나도 큰 공포에 심장이 얼어붙은 것처럼 되는 일이 있습니다. 또한 기쁠 때에 몸이 뜨거워지거나, 슬플 때에 눈물이 복받쳐오는 것도 심장 언저리에서부터입니다.

　이렇게 보면 심장은 마음 그 자체는 아닙니다만, 마음과 밀접한 관계에 있는, 영적으로 영향을 받기 쉬운 신체기관이라고 할 수 있습니다. 그러므로 만약 혼을 인체모양의 형상을 갖는 것이라고 상상한다면 마음의 부위는 역시 가슴 언저리에 중심이 있으며, 여기서 주로 의지, 감정, 본능의 각 영역을 맡고 있습니다. 그리고 마음의 파견기관派遣機關인 뇌의 부위에 있는 혼의 또 하나의 중추를 통해 주로 지성과 이성이 혼 전체에 지휘명령을 내리고 있습니다. 나아가 오성悟性이 하복부, 심장, 뇌를 일관하여 영천상계靈天上界의 혼의 형제와 직결되어 있습니다.

영이란 원래는 형태가 없는 에너지체입니다만, 인체에 깃들임으로써 혼이라는 인체모양의 상념체想念體를 만들어, 그 중심에 '마음'을 두고 인생수행을 하고 있습니다.

지상에서 생활하는 여러분은 영이나 혼이라고 하면 처음부터 부정해 버리는 일이 많은 것 같습니다만, '마음'의 존재는 좀처럼 부정할 수 없을 것입니다. 마음이 대뇌피질 속에 있다고 유물적으로 생각하는 사람이라도 예를 들어 슬플 때 '지금 나는 슬퍼해야 할 상황에 놓여 있기 때문에 눈물을 흘려야 한다'고 생각하고 나서 눈물을 흘리는 사람은 없을 것입니다.

슬플 때에는 순식간에 가슴에서 슬픔이 복받쳐 올라와 울컥 눈물이 나오는 것이 보통일 것입니다. 또한 뜻하지 않게 그리운 사람과 만나면 가슴에서 뜨거운 느낌이 치밀어 올라와 무심코 껴안게 되는 것이 아닐까요? 즉, 그것은 대뇌피질의 작용이 아니라, 영적 직각靈的直覺에 바탕을 둔 마음의 작용입니다. 때문에 유뇌론唯腦論 등도 모습을 바꾼 유물론과 다름없으며, 명확히 부정해야 하는 것입니다.

이 마음의 신비에 대해, 나는 앞으로 많은 것을 계속 이야기해 갈 것입니다.

마음의 작용

인간은 부처의 의지에 의하여 만들어진 의식체意識體이며 영이요, 혼입니다. 그 점에 대해서는 나는 이미 몇 번이고 서술하였습니다. 그리고 혼의 중핵, 중추가 마음이라는 것도 설명하였습니다.

그래서 이번에는 그 마음이라는 것에 대해 더욱 연구해 보고자 합니다. 마음의 작용, 마음의 기능이라는 이야기가 되어 갈 것입니다.

'생각想'은 흔히 다른 사람에게 통한다고 합니다. 즉, 마음속에서 어떤 사람을 좋다고 생각하고 있으면 그 '생각想'이 어느새 상대에게 전해져 상대방도 이 쪽에 대해 호의를 갖게 되는 일이 실제로 가끔 있습니다. 또한 반대로 마음속에서 어떤 사람을 싫어하고 있으면 그 싫어하는 '생각想'이 어느새 상대에게도 전해져 묘하게 서먹서먹해지기도 합니다. 그러면 왜 이러한 이심전심이라고도 할 만한 일이 실제로 일어나는 것일까요? 그 점에 대해 생각해 보고자 합니다.

마음의 작용이란 실은 부처가 인간에게 준 창조작용입니다. 부처는 생각에 의하여 각 차원구조를 만들었습니다. 3차원 우주를 만들고, 인간의 혼을 만들고, 인간의 육체도 만들었습니다. 인간 그 자체가 부처의 의식체의 일부이며, 하나의 완결된 소우주小宇宙이기도 한 셈입니다. 따라서 인간 마음의 작용은 곧 부처의 창조작용과 동종동근同種同根인 것이라고 할 수 있습니다. 요는 마음속에서 그리는 것, 생각하는 것 하나하나가 이 3차원 우주 공간과 다차원 공간의 어딘가에 무언가를 창조하고 있습니다. 그리고 각자의 생각의 종합체가 실재계를 만들어 내는 힘이 됩니다.

그런데 생각이라고 한마디로 말해도, 생각에도 역시 몇 가지 단계, 정도의 차이가 있습니다.

먼저 '생각思'은 일상생활의 갖가지 순간에 마음속에 오가는 생각으로서, 각자의 통상적인 정신활동의 일환이라고 해도 좋을 것입니다.

다음으로 '생각想'은 어느 정도 구체성이 있는 사고입니다. '생각思'이 하루 종일 해안에 밀려왔다가 빠져나가는 파도와 같은 것이라고 하면, 이 '생각想'은 어느 정도 계속성이 있고 구체성이 있는 비전이며, 그것을 시각화하고 영상화할 수 있는 것이라고 할 수 있습니다. '생각想'은 스토리성story性(줄거리)을 가지고 있어, 예를 들면 흘러가는 강물처럼 계속성과 방향성이 있는 것입니다.

나아가 '생각念'이라는 단계가 있습니다. 여기까지 오면 생각도 분명한 창조성을 가지고 있습니다. 또 그 뿐만이 아니라 한 가지 물리적인 힘을 가지고 있습니다. 이른바 염력念力의 '염念'입니다. 4차원 이후의 다차원 세계에서는 이 '생각念'이 부처와 닮은 창조 작용을 가지고 여러 가지 것을 만들어 내고 있습니다만, 3차원 세계에서도 꽤 물리적인 힘을 가진 정신작용이라고 할 수 있습니다.

예를 들어 어떤 사람을 좋은 방향으로 인도하고 싶다는 '생각念'을 집중하게 되면, 그 사람의 심경이 일변하거나 그 사람의 환경이 급전하여 호전되기도 하는 일이 실제로 일어납니다. 또 반대로 어떤 사람을 '밉다'고 생각念하는 '염'이 집중하게 되면 그 대상이 된 사람은 병이 잦아지기도 하고, 운명이 악화되기도 하고, 일찍 죽거나 하는 일도 있습니다.

이것은 개인의 경우입니다만 집단의 경우도 똑같은 말을 할 수 있습니다. 이 지상을 불국토佛國土, 유토피아로 만들고자 바라는 사람이 몇십만, 몇백만이 나와 그 '생각念'이 집중되고 증폭되면 지상세계의 한 귀퉁이에서 빛이 나오게 됩니다. 그리하여 사람들의 마음에 그 빛이 침투하여 점점 행복한 세계가 펼쳐지게 됩니다. 그로 인하여 이 지상계가 '보살계菩薩界'로 바뀌어 갑니다.

물론 이와 반대의 경우도 있습니다. 이 지상계가 사람들의 나쁜 생각念, 즉, 증오, 노여움, 이기주의 등의 생각念으로 충만되게 되면 어떻게 되는가? 영안靈眼으로 보면, 마치 적란운積亂雲을 생각하게 할 만한 먹구름과 같은 상념 에너지가 지상 세계의 곳곳에 둥둥 떠서, 이 상념체가 더욱 큰 혼란을 지상에 일으키기 위한 물리적인 힘으로 바뀌어 가는 것 같습니다.

이와 같이 인간 마음의 작용이란 훌륭한 것인 반면에 무서운 것이기도 합니다. 그렇기 때문에 우리는 자기 자신을 잘 돌아보고 마음의 작용을 확인할 필요가 있습니다.

일념삼천

　사思 → 상想 → 염念으로 점점 더 힘을 얻게 되는 생각의 힘이 있는 셈입니다만, 거기서부터 한 걸음 더 나아가 일념삼천一念三千에 대해 설명하기로 하겠습니다.

　이 일념삼천에 대해, 예전에 자주 이야기를 하였던 사람은 중국의 승려인 천태대사天台大師라고 불리는 지의智顗(538년~597년)입니다. 지금으로부터 천 수백 년 전에 천태지의天台智顗가 중국 천태산天台山에서 일념삼천론一念三千論 주5)을 설하였습니다만, 그때 영천상계靈天上界에서 그를 지도하고 있었던 것은, 실은 다름 아닌 바로 나의 영의식靈意識이었습니다. 내가 기원 6세기에 9차원 세계에서 지상의 천태산에 기거하는 지의에게 전한 내용은, 현대풍으로 재현한다면 대체로 다음과 같은 것이었습니다.

"사람의 마음에는 생각念의 바늘이라는 것이 있다. 이 생각念의 바늘은 하루 종일 온갖 방향을 가리키고 흔들려 멈출 줄 모른다. 불문佛門에 들어가 수행으로 나날을 보내는 자일지라도, 젊고 아름다운 여성을 보고는 마음의 바늘이 흔들린다. 맛있어 보이는 음식을 보고는 마음의 바늘이 움직인다. 생각念의 바늘, 혹은 마음의 바늘은 타인이 자기보다 빨리 깨닫는 것을 보아도 흔들린다. 스승에게 꾸지람을 들으면 또 바늘이 움직인다. 이리하여 수행자의 마음은 편안할 때를 모른다.

그러나 인간의 진정한 깨달음은 크나큰 조화와 평온 속에 있으며, 조급하게 흔들리는 마음속에는 있지를 않다. 천태지의여, 그대, 잘 깨달아 사람들에게 생각念의 바늘, 마음의 바늘이 가리켜야 할 방향을 명시하라. 생각念의 바늘이 온종일 흔들려서야 인간에게는 진정한 마음의 평온이란 없는 것이다. 자석이 항상 북쪽을 가리키듯 마음의 바늘도 늘 부처의 방향을 가리켜야 한다. 북극성이 늘 북쪽 방향을 사람들에게 명시하듯 천태대사여, 사람들을 잘 교도敎導하여 부처의 생각念을 생각念으로 삼아 살도록 인도하여라. 이것이 진정한 부동심이요, 진정한 신앙이다.

마음이란 실로 불가사의한 것이다. 그 생각念이 수라修羅처럼 되면 마음은 아수라계阿修羅界라는 지옥과 통하여 어느새 투쟁과 파괴의 인생을 보내고 만다.

　마음의 바늘이 색정色情의 방향으로 고정되면 그 생각念은 색정지옥色情地獄과 통하여 그 바늘을 타고 '지옥의 망자亡者들'이 '살아 있는 인간'의 마음속에 흙 묻은 발을 들여놓게 된다. 그 결과, 살아 있는 자는 여자에게 미치기도 하고, 남자에게 미치기도 하여, 망자들의 정욕을 해소하는 도구로 전락한다.

　부처를 추구하던 자의 생각念의 바늘이 어디선가 비뚤어지고 왜곡되어 증상만增上慢23)이 되고 거만해지면, 이설異說, 사설邪說을 설하기 시작하여 지옥의 악마의 소리를 여래, 보살의 소리로 잘못 듣는다. 그리하여 사람들을 미망으로 빠뜨리고서 스스로도 무간지옥無間地獄으로 떨어져 가는 가련한 구도자求道者도 있다.

　혹은 생각念하는 것이 항상 선하여 천국의 선인계善人界(5차원계)와 마음의 바늘이 통하여, 천국의 조상이나 친구들이 언제나 미소를 띠워주는 사람도 있다. 또한 어떤 사람은 남을 돕는 일에 항상 애쓰고 교만하지 않으며 뽐내지도 않고 부처의 길을 구하고 있다. 그 사람의 마음은 이미 천국의 보살계와 통하여 살아 있으면서도 보살의 경지에 있다.

　또 어떤 사람은 불법을 세상 사람들에게 전하는 데에만 마음의 바늘이 정해져, 그 가르침이 올바르고 그 사람의 됨됨이가 깨끗하여 만인이 본보기로 삼기에 부끄럽지 않은 삶을 살고 있다.

그 사람의 마음은 이미 살아 있으면서도 여래계와 통하여 천상계의 뭇 여래들이 항상 그 사람을 지도하고 있다.

이와 같이 마음의 바늘은 불가사의한 작용을 하는 것이다. 천태지의여, 그대는 이 불법을 잘 이해하여 살아가는 사람들의 수행을 돕도록 하라.

천국과 지옥은 죽고 나서 저 세상에 있는 것은 아니다. 천국과 지옥은 이 세상에 있고 이 마음에 있다. 사람의 생각心의 바늘은 곧, 이것 일념삼천, 저 세상의 천국 또는 지옥과 그 즉시 통해 버리는 것이다. 이러한 진실을 안다면 사람들은 날마다 지관止觀하여 마음을 차분하게 하고 자신의 인생을 돌아보고 자신의 하루를 돌아보아, 그 마음과 행위를 바로잡아 갈 것임이 틀림없다.

천태대사여, 일찍이 내가 인도 땅에서 설한 팔정도八正道는 바로 그대에게 전수한 일념삼천론이라는 마음의 법칙을 기초로 하여 생겨난 것이다. 천국과 지옥이 저 세상에 돌아가서가 아니라 이 세상에 살고 있는 인간의 마음속에 있기 때문에, 이 세상에서 살았을 때의 마음이 그대로 저 세상의 삶을 결정하기 때문에, 인간은 팔정도를 인생의 기본으로 삼아 살아가지 않으면 안되는 것이다.

팔정도란 곧, 올바르게 보고(정견正見), 올바르게 생각하고(정사

正思), 올바르게 말하고(정어正語), 올바르게 행위하고(정업正業), 올바르게 생활하고(정명正命), 올바르게 정진精進하고(정정진正精進), 올바르게 염하고(정념正念), 올바르게 정定에 들어야 함(정정正定)을 말하는 것이니, 이 여덟 가지 길을 궁구하고서야 인간은 비로소 자신의 마음을 올바르게 유지하여 인간으로서의 완성을 이루는 것이다.

    천태대사여, 이 여덟 가지 길을 기본으로 하여 스스로의 마음과 행동을 바로잡고, 진실한 일념삼천론을 세상에 널리 알리도록 하라. 그것이 그대에게 있어서의 깨달음이며, 세상 사람들에게 있어서의 깨달음이기도 한 것이다.

23) 증상만 : 타인보다 뛰어나다고 우쭐대는 마음.

주5) 일념삼천론 : 천태교학天台敎學에서는 존재하는 것 본연의 모습을 나타내는 범주에 열 종류가 있다. 이것을 십여시十如是라고 하며, ① 여시상如是相, ② 여시성如是性, ③ 여시체如是體, ④ 여시력如是力, ⑤ 여시작如是作, ⑥ 여시인如是因, ⑦ 여시연如是緣, ⑧ 여시과如是果, ⑨ 여시보如是報, ⑩ 여시본말구경등如是本末究竟等의 열 종류이다. ①은 밖으로 나타난 양상樣相, ②는 안에 구비된 성질, ③은 개개의 존재를 구성하는 주질主質, ④는 잠재능력, ⑤는 바깥에 나타나는 작용, ⑥은 사물의 생기生起를 유도하는 직접적인 요인, ⑦은 인因을 돕는 보조인補助因, ⑧은 인과 연緣에 의하여 초래되는 결과, ⑨는 결과에 의하여 초래되는 응보, ⑩은 ①부터 ⑨까지가 모두 서로 관계를 가지며 일관되어 있다는 의미이다.

십계호구설十界互具說이란 가르침이 있으며, 이것은 지옥地獄, 아귀餓鬼, 축생畜生, 아수라阿修羅, 인간人間, 천상天上, 성문聲聞, 연각緣覺, 보살菩薩, 불佛이라는 십계十界 전부가 자신 속에 다른 구계九界를 구비하고 있다는 의미이다. 원래의 저 세상의 타고난 성질이 열 종류이고 이 세상에 나오고 나서의 현재의 심경에 열 종류, 열 종류의 사람이 제각기 열 종류가 된다. 마음의 표출방법이 가능하므로, 십계十界 곱하기 십계라고 하면 백계百界가 된다. 이 백 종류의 심경에 이 세상의 만생만물은 열 가지의 삶의 모습이 있다는 '십여시'의 사상을 곱하면, 백계 곱하기 십여시로 천 개가 되어, 이것을 '백계천여百界千如'라고 한다. 나아가 인간이 활동하는 장소로서, 주체적인 측면으로서의 ① 중생세간衆生世間, 그 인간을 구성하는 '색色, 수受, 상想, 행行, 식識'의 ② 오음세간五陰世間, 그리고 ③ 국토세간國土世間의 삼종세간三種世間이 있는데, 백계천여에 이 삼종세간을 곱하면 '삼천종세간三千種世間'이 된다. 이 경우의 '세간'이란 시간적 공간적 차별이라는 의미, 여기서 '삼천'이라는 숫자가 나와 '일념삼천'이 성립된다(이상, 천태지의의 ≪법화현의法華玄義≫와 ≪마하지관摩訶止觀≫ 참조). 관념론을 좋아하는 중국인다운 철학이지만, 요컨대 마음의 세계에서 본 인간에게는 삼천이나 되는 종류가 있다는 의미로, 마음의 변환자재變幻自在함, 무한계성無限界性을 나타내고 있다.

진설 팔정도

일념삼천론, 그리고 팔정도로 이야기를 진행시켜 왔습니다. 나는 이 장章을 마치면서 팔정도의 현대적 의의를 설명해 두고자 합니다.

인간은 맹목盲目입니다. 살아 있는 인간은 스스로의 오관지五官知24)에만 의지하여 살아가는 방법을 찾기만 하고, 그 오관지를 초월한 세계를 알아차리지 못합니다. 그러나 사실은 우리의 오관을 초월한 곳에 진실한 인생의 의의가 있습니다. 역설적이기는 합니다만 오관은 오관을 초월한 것을 깨닫게 하는 실마리가 될 수 있습니다. 우리는 진실한 인생에 대해 맹목하다는 것을 단지 한탄만 할 것이 아니라, 맹목은 맹목 나름으로 받아들여서 제대로 손 더듬을 하고 착실히 오관을 갈고 닦아 진실한 것을 찾아내지 않겠습니까? 그리고 또한 그러한 노력 속에서만이 진설 팔정도眞說八正道는 그 모습을 드러내게 됩니다.

팔정도는 인간완성人間完成에 이르는 길입니다. 스스로의 잘못된 방향을 수정하고 올바른 인생을 살기 위한 지혜입니다.

인생이란 이렇게 살면 된다는 식의 모범해답이 있는 것은 아닙니다. 왜냐하면 인생은 의문의 연속이며, 그 의문은 각자가 놓인 환경, 경험, 지식, 습관에 의하여 제각기 다른 내용을 가지게 되기 때문입니다. 그 의문을 해결하는 것은 타인이 아니라 다름 아닌 자기 자신입니다. 길을 헛디디고 있는 것은 자기 자신입니다. 자기 자신이 궤도수정을 하지 않고 도대체 누가 그 궤도를 수정해 주겠습니까?

그것을 위하여서도 한 사람 한 사람이 자신이 살고 있는 테두리 안에서 '올바름'을 철저히 추구할 필요가 있습니다.

그러면 그 '올바름'의 기준이란 도대체 무엇입니까? 무엇을 가지고 '올바르다'고 하는 것입니까? 그것에 대해 답하는 것이 진실한 종교지도자의 사명이며, 금세今世의 내 사명입니다.

'올바름'을 안다는 것은 부처의 마음을 안다는 것입니다. '부처의 생명을 과학科學한다'는 것입니다. 무엇이 선이고 무엇이 악인가? 무엇이 참이고 무엇이 허위인가? 무엇이 아름다움이고 무엇이 추함인가? 그것을 결정하는 것은 부처의 마음입니다. 그리고 부처의 마음을 안다는 것은 부처의 빛 에너지체^{energy}體의 성질을 구명究明한다는 것입니다. 즉, 부처를 이해하기 위하여 철저히 노력을 한다는 것입니다.

부처의 마음, 부처의 에너지체로서의 성질을 이해해 주실 수 있도록 나는 본서 이외에도 이론서를 간행하고 있습니다. 이 가르침은 부처의 마음을 알기 위한 최대의 실마리가 될 것입니다. 부처의 마음을 알고 '올바름'을 파악하여 자기 자신의 팔정도 지침으로 삼아 주셨으면 합니다.

내가 여러분에게 전하는 불법진리는 진짜입니다. 악마나 악령에 현혹된 사람이 아닌 한, 그것을 읽으면 마음이 뒤흔들려 반성의 눈물이 쏟아져 나올 것입니다. 내가 가르치는 올바름을 인생의 힌트로 삼아 살아가야 합니다. 그럴 때에 다음 각 항목을 반성의 토대로 하여 나날을 살아가 주셨으면 합니다.

1. 나는 올바른 신앙에 기초하여, 있는 그대로 올바르게 사물을 보았는가[여실지견如實知見]? 올바르게 타인을 관찰하였는가? 부처와 같은 마음을 가지고 사람들을 대하였는가? 올바른 세계관, 인생관을 솔직히 받아들였는가? [정견正見]
2. 나는 올바르게 생각하였는가? 자신의 수행의 뜻은 정당한

가? 마음속에 탐욕이나 노여움, 푸념 등 나쁜 상념을 품지 않았는가? 타인에 대해 나쁜 생각을 품거나 해치려는 마음을 갖지 않았는가? 만심慢心하거나 불법佛法을 의심하거나 하지 않았는가? 불법에 반대되는 생각을 갖지 않았는가? 또한 올바르게 판단하였는가? [정사正思]

3. 나는 올바르게 말하였는가? 스스로의 양심에 부끄러울만한 말은 하지 않았는가[진실어眞實語]? 말로 타인을 상처 입히지 않았는가[악구惡口]? 깨달음을 속이지 않았는가[망어妄語]? 타인을 현혹시켜 우쭐대게 하거나[기어綺語], 사이가 벌어지게 하여 불안에 빠뜨릴 만한 말[양설兩舌]을 하지 않았는가? [정어正語]

4. 나는 올바르게 행위를 하였는가? 수행자로서의 계율을 깰 만한 일은 없었는가? 손이나 발, 그 밖의 신체기관이 법률에 위반되는 살인, 폭행, 도둑질이나 성도덕에 위배되는 불륜이나 외설행위, 악질적인 풍속영업風俗營業[25]에서의 타락한 행위, 포르노에 대한 심취 등의 죄를 저지른 적은 없었는가? 모든 생명을 존중하고 불, 법, 승의 삼보에 보시를 아끼지 않았는가? [정업正業]

5. 나는 올바르게 '신身, 구口, 의意'의 조화가 이루어진 생활을 하였는가? 술이나 담배, 도박, 마약 등에 파묻힌 부정不淨한

생활을 하지 않았는가? 생활 속에 불평불만은 없었는가? 만족할 줄을 알았는가? 만물에 대해 감사를 하였는가? 또 부처가 주신 24시간을 제대로 다 활용하였는가? [정명正命]

6. 나는 올바르게 불법진리를 공부하고 있는가? 수행하는 마음이 줄어들고 있지는 않은가? 대체 얼마나 악을 멀리하고 선善의 씨앗을 뿌렸는가? 올바른 노력을 게을리 하고 있지는 않은가? [정정진正精進]

7. 나는 마음을 차분히 해서 수행과 유토피아 건설에 관한 올바른 인생계획을 가질 수 있는가? 자기 실현의 기도는 부처의 마음에 들어맞아, 깨달음을 높이고 스스로의 인격도 높이는 것인가? 또 불법진리를 깊이 이해하고 가르침을 올바르게 기억하고 있는가? [정념正念]

8. 나는 올바른 정신통일의 시간을 가지고 있는가? 스스로의 과거의 죄를 반성하고 그 날 하루를 깊이 돌아보고, 수호, 지도령에게 감사하고 나서 잠자리에 들고 있는가? 정신통일에 의하여 마음의 평안을 얻고 있는가? [정정正定]

위에 든 여덟 항목이 진설 팔정도주6)이며, 오늘날에도 그 가치를 잃지 않는 인간으로서의 올바른 삶의 방법입니다. 그리고 이와 같이 나날을 바로잡아 가는 것이 비범한 인생을 낳아 부처의 높이로 자신을 밀어 올리는 힘이 되는 것입니다.

---

24) 오관지 : 오관五官(시각, 청각, 후각, 미각, 촉각)에 의하여 파악할 수 있는 지식.
25) 풍속영업 : 요정·댄스홀·카바레·도박장·창녀촌·단란주점 등의 이성理性을 마비시키거나 사행심을 유발하는 업소의 총칭. 본문에서는 주로 성性과 관련된 업소를 말한다.

주6) 팔정도 : 여기서는 본래의 팔정도 순서로 설명해 놓았지만, 일찍이 ≪석가의 본심≫과 ≪진설 팔정도≫에서는 실천적인 관점에서 순서가 다른 팔정도 제시되어 있다.

제3장

사랑의 대하

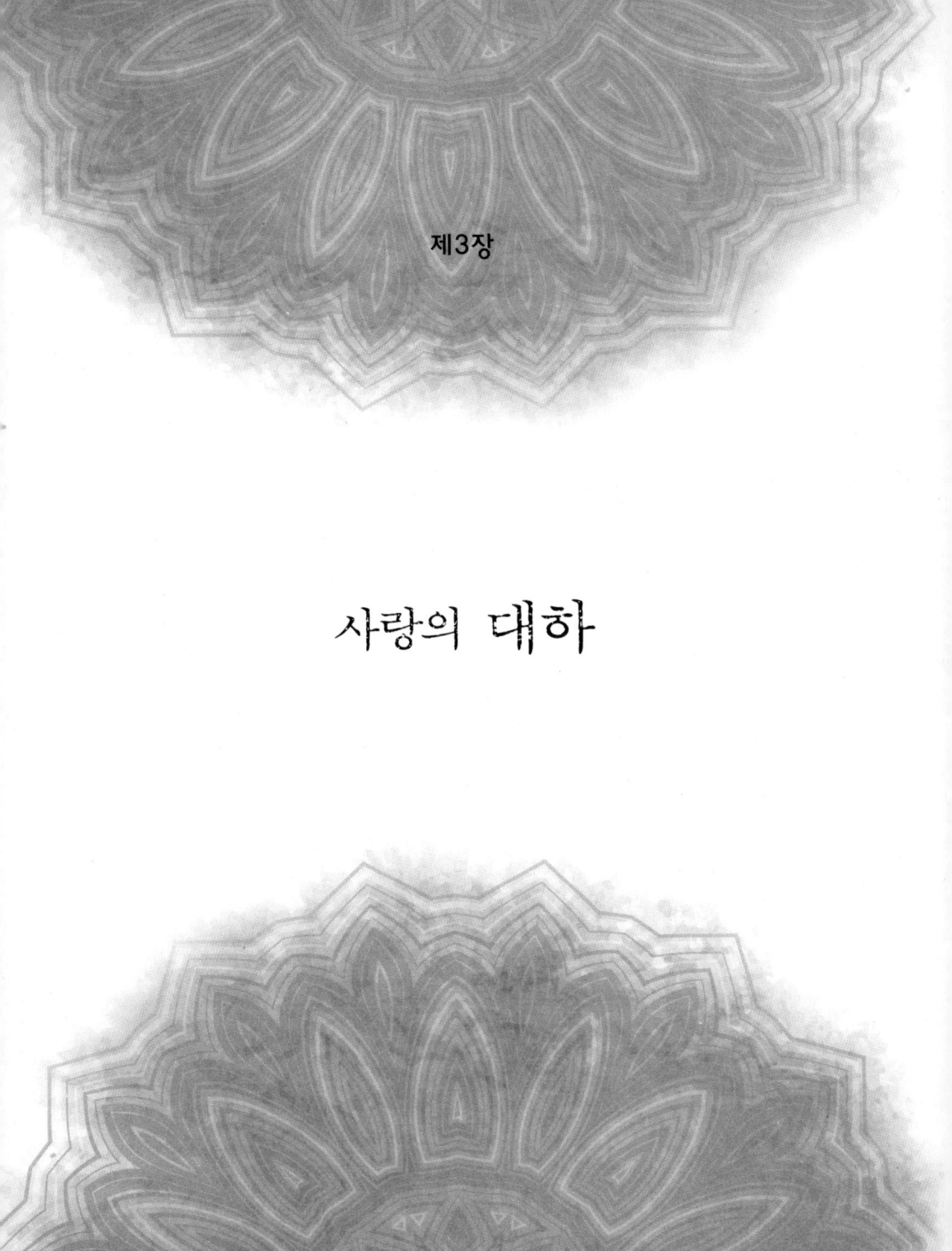

사랑이란 무엇인가

본 장에서는 '사랑'에 대해 여러분과 함께 생각해 가고자 합니다. 사랑은 여러분에게 가장 관심이 많고 소중한 것입니다.

인간으로서 살아가는 인생의 과정에서 가장 소중한 것, 가장 빛나는 것, 그것은 역시 사랑이 아닐까요? 사람들은 사랑이라는 말과 그 여운에 매료되고 맙니다. 사랑이라는 말에는 꿈이 있습니다. 사랑이라는 말에는 정열이 있습니다. 사랑이라는 말에는 낭만이 있습니다.

예를 들면 오늘 하루라는 날이 당신에게 남겨진 모든 시간이라고 합시다. 그리하여 저녁에는 죽어야 할 운명이라고 할지라도 누군가가 사랑을 속삭여 준다면, 모든 인간은 행복한 미소를 띠고 죽음을 향해 여행길에 오를 수가 있을 것입니다.

사랑이 없는 인생이란 지쳐빠진 채 사막을 걷는 나그네의 인생이라고 할 수 있습니다. 한편, 사랑이 있는 인생이란 사막 안, 곳곳에 오아시스가 있고 꽃이 피어 있는 인생입니다.

그런데 사랑이란 무엇일까요? 대체 누가 정확히 사랑을 정의할 수 있을까요? 문학자입니까? 아니면 시인입니까? 혹은 철학자입니까? 역시 종교일 것입니다.

'사랑을 어디까지 파악할 수 있는가? 사랑의 본질을 어디까지 통찰할 수 있는가?' 이것은 인류에게 주어진 하나의 과제이며, 하나의 문제입니다. 그리고 그것은 하나의 기쁨이며 하나의 행복이고, 하나의 고뇌이며 하나의 괴로움이기도 합니다.

사랑은 양극단입니다. 즉, 진짜 사랑은 최고의 행복을 가져오고, 거짓 사랑은 최대의 불행을 가져다 줍니다. 사랑은 인생의 기쁨 중의 상당 부분이며, 또한 그것을 오해한 경우에는 인생의 괴로움의 상당 부분이 되기도 합니다.

사랑의 본질을 파악하여 사랑을 자신의 생각대로 조종하면서 최대의 행복을 지향해 가는 그 방향에는 한 줄기 광명이 비춰오는 것처럼 보입니다. 그 앞길에는 신이 미소를 띠면서 팔을 크게 벌리고 기다리고 계시는 것처럼도 생각됩니다.

여하튼 나는 본 장에서 사랑의 본질, 사랑의 단계, 사랑과 깨달음, 그리고 신과 사랑에 대해 생각해 갈 작정입니다.

나는 천상계의 예수 그리스도와 사랑에 대해 자주 이야기를 나누는 일이 있습니다.

　그리스도는 물론 사랑의 대가大家이고 사랑의 전문가이며, 또한 신의 사랑을 체현體現한 사람이기도 합니다. 그런 그리스도가 '현대인에게야말로, 실로 진정한 사랑이 무엇인가를 고해 알릴 필요가 있다'고 말하는 것입니다. 그 이유는 사랑이 현대만큼이나 오해되는 시대는 유사 이래 드문데, 기껏해야 아틀란티스의 말기나 구약성서에 있는 '소돔'과 '고모라'의 시대 정도밖에 그런 예를 찾아볼 수 없기 때문이라는 것입니다.

　여하튼 나는 이 '사랑'이란 것을 정면에서 포착하여 현대인의 의문에 답해 가고자 합니다.

　'팔정도' 더하기 '사랑의 탐구'. 그것은 아마 현대인에게는 바람직한 수행의 모습이며, 현대인에 대한 복음이 되기도 할 것입니다. 그러므로 나는 지금부터 사랑에 대해 많은 것을 이야기해 보려고 합니다. 내용은 '사랑'이라는 정점定点에서 포착한 인생관, 세계관, 진리관眞理觀이 될 것입니다.

사랑의 존재

 사람들은 사랑에 대해 생각할 기회가 많이 있습니다. 그러나 사랑 그 자체를 보았다는 사람은 한 사람도 없습니다. 사랑이란 그것을 손에 들고 볼 수가 없으며 '이것이 사랑입니다'라고 꺼내어 다른 사람에게 보일 수도 없는 것이기 때문입니다.
 그러나 사랑은 분명히 존재하는 것입니다. 인간은 사랑의 존재를 믿고 있습니다.
 사랑의 존재 - 누가 보아도 이것이야말로 사랑이라는 확실한 것, 그것을 찾아 인간의 정처 없는 영원한 여행은 시작됩니다.
 아무도 그 눈으로 본 적이 없고, 아무도 그 손으로 만진 적이 없는 사랑, 사랑이란 역시 환상이며 신기루에 지나지 않는 것일까요?
 그러나 생각을 해보십시오. 인간은 얼마만큼이나 눈에 보이지 않고 손으로 만질 수도 없는 존재를 믿고 있는지를. 예를 들면, 바람 그 자체의 존재를 눈으로 보고 확인할 수가 없습니다. 그렇지만 나뭇잎이 휘날리고 나무들이 움직일 때 여러분은 바람의 존재를 믿습니다. 여러분의 피부에 닿기 때문에 그 부드러움을, 그 시원함을, 그 강함을 알고 있습니다. '이것이 바람이다'라고 표현할 수는 있습니다. 다만, 그 바람을 붙잡아 상자에 넣어 두었다가 거기에서 꺼내어 다른 사람에게 보일 수는 없습니다.

사랑이란 곧 바람과 같은 것입니다. 누구든지 그 존재를 믿고 그것이 존재한다는 감각을 공유하면서도 그것을 객관적으로 증명해 보일 수는 없는 것입니다. 여러분은 사랑의 존재를 증명할 수는 없습니다. 그러나 사랑이 임재臨在[26]한다는 것을 느낄 수는 있습니다. '이것이 사랑이다'라고 꺼내어 보일 수는 없어도, 거기에 사랑이 있다는 것을 감지할 수는 있습니다.

사랑이란 이 얼마나 신[주7]과 꼭 닮은 존재입니까? 신에 대해 지금까지 많은 사람들이 말하고 많은 사람이 믿어 왔음에도 불구하고 '이것이 신입니다'하는 식으로, 아무도 그것을 꺼내어 보일 수는 없었습니다. 일찍이 많은 위인들이 신에 대해서 종교, 철학, 시, 문학 속에서 이야기하면서도 누구 한 사람 신의 존재를 증명하여 제시할 수는 없었습니다.

저 예수 그리스도조차 사람들에게 신의 모습을 보일 수가 없었습니다. 하느님 아버지를 '이 분을 보시오'하고 사람들에게 보일 수는 없었던 것이었습니다.

'나의 말을 듣는 자는 나의 하느님 아버지의 말을 듣는 자이다. 아버지가 나에게 와서 지금 말을 하고 계시기 때문이다. 나의 행위를 보는 자는 나의 하느님 아버지의 행위를 보는 것과 같다. 아버지가 나로 하여금 이 행위를 하도록 하고 계시기 때문이다'하고 예수는 언제나 말하였습니다. 즉, 예수는 자신이 말하고 자신이 행한 것을 통하여 신을 감지하라고 언제나 가르치고 있었던 것입니다. 그러므로 사람들은 그의 권위 있는 말을 듣고 거기에서 신을 느끼고 그를 믿고 따랐던 것입니다.

인간에게 있어서 가장 중요한 것은 오히려 존재증명을 할 수 없는 것들이 더 많습니다. 어느 시대에서도 그렇습니다. 어느 시대에나 가장 소중한 것은 그 존재를 증명할 수 없는 쪽이 더 많습니다.

신 – 사랑 – 용기 · 예지叡智 – 선善 – 상냥함 – 아름다움 – 조화 – 진보 – 자비 – 진리 – 진심 – 무사無私

이것들은 모두 우주에 충만해 있는 실재이며, 빛의 세계에서는 이 말들을 모르는 사람은 한 사람도 없습니다. 그러나 이 지상에서는 누구 한 사람, 그러한 것들이 확실한 존재임을 증명할 수가 없습니다. 왜냐하면 이 소중한 것들은 모두 4차원 이후의 실재계에 있는 존재이기 때문입니다. 즉, 3차원적인 재료를 가지고서는 증명할 수가 없는 것입니다.

현재 내가 인식하는 근본불根本佛 - 근원신根源神이란 20차원 이후의 초고차원 존재를 의미합니다. 그러므로 그 존재를 3차원의 기준으로 증명하는 것은 불가능합니다. 그렇기 때문에 '신앙'이라는 것이 있습니다. '신앙'이라는 말은 믿고 우러러본다는 의미입니다. 믿음이라는 것은 감지하여 받아들인다는 것입니다. 그리고 우러러본다는 것은 크나큰(위대한) 존재에 경의를 표하고 스스로를 비운다는 것입니다.

예수는 말하였습니다. '신은 사랑이니라'라고[주8]. 사랑이란 분명히 신의 속성 중의 하나입니다만, 예수는 이때 그 이상의 것을 말하고 있었던 것이라고 할 수 있습니다.

'신은 그 존재를 증명할 수 있어야 하는 것은 아니다. 굳이 신과 닮은 것을 들어보라고 한다면 그것은 사랑이다. 사랑은 그 존재를 아무도 증명할 수 없지 않느냐? 아무도 증명할 수 없음에도 불구하고, 사람들은 사랑의 훌륭함을 알고 있지 않느냐? 사랑의 멋진 면도 알고 있지 않느냐? 그리고 사랑을 손에 넣으려고 노력하며, 그 사랑의 힘을 믿고 있지 않느냐?

 신앙이란 그러한 것이다. 사랑의 존재를 믿는 자는 신의 존재를 믿어라. 사랑의 힘을 믿는 자는 신의 힘을 믿어라. 왜냐하면 신은 사랑이기 때문이다. 보라, 신의 아들인 나 예수 그리스도는 사랑의 행위를 행하나니. 이는 내가 행함이 아니라 나의 하느님 아버지, 나의 신이 나에게 오시어, 나에게 이 행위를 하도록 하심이니라. 사랑을 보려거든 우선은 내가 하는 행위를 보아라. 거기에 사랑이 있고 거기에 신이 있다.'

 위에 든 말은 지금으로부터 2천 년 정도 옛날에 예수 그리스도가 나사렛 땅에서 했던 사랑의 이야기를 복원한 것입니다. 당시는 내가 천상계에서 예수를 지도하고 있었기 때문에 나는 그의 말을 알고 있는 것입니다.

---

26) 임재 : 임하여 존재함.

주7) 신 : 이 경우의 '신'이란 헤르메스Hermes 신을 상정하고 있으며, 본 장에서 기독교적으로 '신'이라는 말을 사용할 경우에는 '주 엘 칸타아레'를 의미한다고 생각해도 좋다.
주8) 신은 사랑이니라 : 주 엘 칸타아레의 본질이 '사랑의 신'이라는 예수의 인식(깨달음)을 의미한다.

사랑의 힘

　사랑이란 내가 아는 한, 이 지상에서는 최대의 힘을 가지고 있습니다. 이 세상을 떠난 실재계, 4차원 이후의 다차원 세계에서도 사랑은 최대의 힘입니다. 더구나 차원의 사다리를 올라갈수록 사랑의 힘은 강해집니다. 왜냐하면 사랑의 힘이란 서로 결합시키는 힘이기 때문입니다. 서로 배척하는 힘은 서로를 약하게 만듭니다. 그러나 서로 결합시키는 힘이란 한 사람의 힘을 두 배로도 세 배로도 더 강하게 하는 법입니다. 때문에 사랑에는 적敵이 없으며, 사랑이 향하는 곳에 가로막을 적은 없는 것입니다.

　사랑은 전차戰車입니다. 사랑은 언덕을 오르고, 골짜기를 내려가고, 강을 건너고, 늪을 가로질러, 악의 요새도 아랑곳하지 않고 계속 돌진해 가는 전차입니다.

사랑은 빛입니다. 사랑은 컴컴한 밤을 밝히고, 과거를 밝히고, 현재를 밝히며, 미래를 밝히는 빛입니다. 천상을 밝히고, 지상을 밝히며, 사람의 마음을 밝히는 빛입니다. 이 세상의 어떠한 악도 한없이 부드럽게 녹이고, 이 세상의 어떠한 슬픔도 한없이 따뜻하게 감싸 들이는 빛입니다.

사랑은 생명입니다. 모든 사람은 사랑을 양식으로 하여 살고, 사랑을 힘으로 하여 살며, 사랑을 생명의 불꽃으로 하여 살고 있는 것입니다. 즉, 사랑은 전부이기 때문입니다. 사랑 없이 삶은 없고, 사랑 없이 죽음도 없으며, 사랑 없이 길도 없거니와, 사랑 없이 희망도 없습니다. 사랑은 모든 것의 전부이고, 양식이며, 생명입니다.

사랑은 정열입니다. 정열은 젊음의 힘이며, 무한한 가능성을 향한 신뢰입니다. 그 뜨거운 에너지 속이야말로 참다운 것이 있고, 다하지 않는 생명의 약동이 있는 것입니다.

사랑은 용기입니다. 사랑 없이 사람이 분발하는 일 없고, 사랑 없이는 사람은 죽음과 맞설 수가 없는 것입니다. 사랑은 진리의 도화선에 불을 붙이는 횃불이며, 미망迷妄을 향해 쏘아진 한 개의 화살입니다.

사랑은 맹세입니다. 사람들은 사랑의 이름 아래 함께 살고, 함께 말하고, 함께 걸어갑니다. 만약 사랑이란 이름의 유대가 없다면 사람들은 어찌할 바를 모르고 해지기를 기다릴 뿐입니다.

사랑은 말입니다. 말없이 사랑 없고, 사랑 없이 말은 없습니다. 사랑은 좋은 말이고, 좋은 생각想이며, 좋은 파동波動이고, 좋은 조율입니다. 신은 말로써 세계를 만듭니다. 그리고 사랑은 말로써 사람을 만드는 것입니다.

사랑은 조화입니다. 사랑이 있기에 사람은 서로 화목하고, 서로 용서하며, 서로 살리고, 멋진 세계를 만드는 것입니다. 사랑의 테두리 안에는 노여움도 없을 뿐더러, 질투도, 시기도 없습니다. 사랑의 테두리 안에는 다만 그저 대조화大調和가 있을 뿐으로 모든 사람들이 서로를 살리고 있는 것입니다.

사랑은 기쁨입니다. 사랑 없이 진정한 기쁨은 없고, 사랑 없이 진정한 행복은 없습니다. 사랑은 신의 기쁨을 표현한 것이며, 지상의 슬픔을 일소하는 마법입니다. 사랑은 기쁨이며, 그 기쁨이 사랑을 낳고, 그 사랑이 또한 기쁨을 낳는 것입니다. 이렇게 해서 사랑은 원환圓環이며, 순환하는 것입니다.

사랑은 진보입니다. 하나의 진보를 낳고, 하나의 사랑은 하나의 빛을 낳습니다. 사랑이 있는 나날은 진보가 있는 나날입니다. 왜냐하면 사랑의 앞길에는 신이 있기 때문입니다. 사랑의 앞길에는 수많은 성령들이 있기 때문입니다. 사랑이 있는 곳에 퇴보는 없습니다. 사랑이 있는 곳에 두려움은 없습니다. 사랑에는 오직 진보가 있을 뿐입니다. 사랑에는 오직 향상이 있을 뿐입니다. 사랑이란 오직 신 곁으로 날아가는 것입니다.

사랑은 영원합니다. 사랑은 과거에도 있었고, 현재에도 있고, 미래에도 있습니다. 시간의 흐름 속에 사랑이 없는 시간은 없고, 시대 속에 사랑이 없는 사람은 없습니다. 사랑은 모든 시간을 꿰뚫는 빛나는 황금날개입니다. 아득한 창공을 달려가는 페가수스 Pegasus입니다. 사랑은 영원한 시간을 사는 증거이며, 사랑은 영원한 지금(현재)을 붙잡는 사냥꾼입니다.

그리고 마지막으로 사랑은 기도입니다. 사랑 없이 기도 없고, 기도 없이 사랑은 없습니다. 사랑은 기도에 의하여 보다 더 적극적인 힘이 됩니다. 사랑은 기도에 의하여 모든 일들을 성취시키는 것입니다. 기도는 사랑을 높이는 힘이며, 기도는 사랑을 깊게 하는 비법입니다. 즉, 신에게 올리는 기도에 의하여 사랑은 성취되고, 신에게 올리는 기도에 의하여 사랑은 실현되는 것입니다.

신은 사랑이며, 사랑은 신입니다. 사랑으로 하여금 신을 이루게 하는 힘은 기도입니다. 기도에 의하여 사람들은 살고, 기도에 의하여 신을 압니다. 이리하여 기도에 의하여 사람은 사랑의 힘을 최대한 발휘할 수가 있는 것입니다.

사랑의 신비

사랑이란 참으로 신비한 것입니다. 그 속 깊음, 그 무한한 높이는 헤아릴 수 없습니다. 사랑이란 생각하면 생각할수록 의미가 깊고 감칠맛이 나는 것입니다.

신은 자신을 인간 앞에 드러내는 것을 꺼리어, 자기 대신에 아마 '사랑'이라는 것을 지상에 내려 보낸 것이라고 할 수 있습니다. 그리하여 그것을 배우게 함으로써 인간들에게 자신의 진정한 모습을 이해시킴과 동시에 인간들에게 학습 재료를 준 것이라고 생각합니다.

사랑의 신비 - 사랑이란 눈에 보이지 않는 힘의 존재를 느끼게 합니다. 그러기에 신비한 것입니다.

여기서 사랑의 신비에 대한 예화例話를 하나 들어보겠습니다.

옛날 어느 곳에 한 노인이 있었습니다. 노인은 나이가 들어 자녀도 손자도 없이 쓸쓸히 지내고 있었습니다. 그 노인이 살던 마을 변두리의 사당에는 가끔 마을 아이들이 놀러오곤 하였습니다. 아이들 중에서도 가장 개구쟁이 소년은 갑돌이입니다. 갑돌이는 어릴 때 부모를 잃고, 지금은 시집간 누나 밑에서 자라는 13살 된 소년이었습니다.

어느 날 갑돌이가 사당으로 통하는 돌계단 위에서 놀고 있었는데 참새 세 마리가 날아 왔습니다. 그리고 갑돌이가 걸터앉아 있는 근처로 와서 이야기를 하기 시작하였습니다.

첫 번째 참새가 이렇게 말하였습니다.

'이 세상에서 가장 훌륭한 것은 해님이야. 해님이 언제나 하늘에서 빛나고 있기 때문에 우리는 세계를 가지각색으로 볼 수 있고, 나무들과 풀과 꽃은 아주 기뻐하고 있어. 곡식도 가지가 휘어지게 낟알이 여물어 우리 참새들도 그 덕을 톡톡히 보는 거야.

해님이 숨어 버리면 이 세상은 깜깜하여 어떠한 생물도 살아갈 수 없을 거야. 우리 참새들은 항상 해님께 감사하고 있기 때문에 다른 참새의 목숨을 빼앗거나 하는 일은 없어. 하지만 해님이 언제나 방긋이 비추고 있으니까 인간들은 우쭐해져서 제멋대로야. 싸움을 하는가 하면 서로 욕도 하지. 전쟁 따위를 하는 바보도 있어. 그러니까 머지않아 해님도 싫증이 나서 모습을 감추어

버릴지도 몰라'.

그 말을 듣던 두 번째 참새가 입을 열었습니다.

'아냐, 이 세상에서 가장 훌륭한 것은 역시 물이야. 물이 없다면 어떠한 생물도 살아갈 수 없잖아? 초목도 물이 없으면 일 주일만 지나도 말라 버려. 물이 없으면 보리도 벼도 여물지 않아서 우리는 죽고 말 거야. 동물도 물이 없으면 일 주일도 살아갈 수 없을 거야. 그러니까 역시 물이 있어야만 목숨이 있는 것이고, 그래서 이 세상에서 가장 훌륭한 것은 물이라고 생각해.

우리 참새들은 물에게 감사하고 있기 때문에 사이좋게 살고 있지만, 어리석은 인간은 물 따윈 공짜라고 생각해서 가볍게 보고, 소용도 없는 보석이나 목걸이 같은 것을 손에 넣기 위하여 땀을 흘리며 일하고 있어. 우리 참새들은 태어난 그대로, 하느님이 주신 그 모습대로 만족할 줄 알고 있지만, 인간들은 자신들을 어떻게 하면 잘 보일까 하고 골머리를 앓고 있어. 남보다 잘나고 싶다거나, 남보다 돈을 더 많이 벌고 싶다거나, 남보다 미인이 되고 싶다거나 하면서 말이지. 이건 정말이지 너무나 우스꽝스러워.'

다음으로 세 번째 참새가 무거운 입을 열고 말하기 시작하였습니다.

'확실히 너희가 말한 것처럼 해님도 훌륭하고 물도 훌륭해. 이 세상에서 가장 가치 있는 것은 누구나 다 그 존재를 당연히 여기면서도 그것이 있다는 고마움조차 느끼지 못하는 데에 있는 것 같아. 모두가 그 존재를 알아차리지 못하지만 가장 훌륭한 것은 내가 생각하기엔 역시 공기야. 해님이 숨어서 나오지 않아도, 물이 없어져도, 우리는 며칠은 살아갈 수 있어. 그러나 공기가 없어지면 불과 1분도 지나지 않아서 죽고 말아. 이런 말을 듣고 나면 알아차릴 지도 모르지만 공기의 고마움은 쉽게 알 수 있는 것이 아냐.

하지만 우리 참새들은 창공을 날아다닐 때 마음껏 가슴 가득히 공기를 들이쉬며 그 고마움에 감사하고 있어. 물속의 물고기들조차도 숨이 답답해지면 수면에 얼굴을 내밀고 뻐끔뻐끔 공기를 들이쉬고는 감사를 하고 있지 않아? 거기에 반해, 인간은 이 얼마나 오만한지 몰라. 비행기로 하늘을 날 수 있는 것이 자기들의 지혜 덕분이라 생각하겠지만, 그렇지 않아. 공기가 있기에 비행기도 하늘을 날 수 있는 거야. 공기는 우리가 하늘을 날려고 하던, 인간들이 비행기로 하늘을 날려고 하던 단 한 푼도 요구하지 않아. 우리는 공기에 감사하고 있지만 인간들이 공기에 감사하는 것은 본적이 없어.'

갑돌이는 세 마리 참새의 이야기를 듣고 너무나 슬퍼져서 생각에 잠기고 말았습니다. '나는 인간이야말로 만물의 영장이며 가장 위대하다고 배워 왔는데, 세 마리의 참새가 하는 이야기 같은 것은 들어본 적이 없다. 나는 태양의 고마움도, 물의 고마움도, 공기의 고마움도 느껴본 적이 없지 않은가? 인간이란 이 얼마나 어리석고 바보 같은 존재란 말인가. 참새보다 못하지 않은가?

그렇게 생각하자 갑돌이는 단숨에 돌계단을 달려 올라갔습니다. 그 기척에 놀라서 세 마리의 참새는 어디론가 날아가 보이지 않게 되어 버렸습니다. 갑돌이는 사당에 사는 노인을 찾아가서 지금 막 들은 참새의 이야기를 하며 "인간이 이렇게도 어리석다면 인간으로 태어나지 않고 참새로 태어났으면 좋았을 걸"하고 울면서 노인에게 하소연하였습니다. 그러자 노인은 이렇게 대답하였습니다.

"갑돌아, 잘 깨달았구나. 인간이란 가장 훌륭한 것조차 보지 못하는 어리석은 존재란다. 그런 어리석은 존재일지라도 서로 사랑함으로써 그 죄를 용서받고 있다. 인간은 추하다. 그러나 그 추한 것만을 아무리 바라보고 있어봤자 추한 것은 사라지지 않는다. 하느님은 인간의 죄를 용서하고 추한 것을 없애기 위하여 사랑이라는 마법의 힘을 주셨다. 그리고 사랑이 있기 때문에 그 신비한 힘으로 인간은 만물의 영장임을 허용 받고 있는 거란다."

사랑에는 적이 없다

　사랑은 최대의 힘이며, 사랑에는 적이 없습니다. 그래서 나는 사랑이 무적이라는 것에 대해 이야기를 하고자 합니다.
　인간은 살아가는 과정에서 갖가지 어려움에 부딪칩니다. 즉, 그러한 가운데에서 혼의 수행을 해가는 셈입니다. 이것은 미리 계획되어 있는 일입니다. 어려움이란 어떠한 것이겠습니까? 즉, 병이 있고, 빈곤이 있고, 좌절이 있습니다. 실연이 있고, 사업의 실패가 있고, 친구와의 이반離反이 있고, 사랑하는 사람과의 이별이 있으며, 싫어하는 사람과의 만남도 있습니다. 나아가서는 나이가 들어 추해지고, 몸이 부자유스러워져, 이윽고는 죽어 갑니다.
　이러한 현상을 현상으로만 본다면 인생이란 고뇌와 슬픔으로 가득 차 있는 것인지도 모르겠습니다. 그러나 고뇌에는 고뇌의 의미가 있고 슬픔에는 슬픔의 의미가 있는 것입니다. 즉, 고뇌와 슬픔이 있다는 것은 우리 인간에게 선택을 요구하고 있는 것입니다. 선택이란 무엇인가? 즉, 우리 한 사람 한 사람이 '주는 쪽의 인생'을 택할 것인가, '주어지는 쪽의 인생'을 택할 것인가? 그 선택입니다.

　사랑의 본질은 역시 주는 것입니다. 사랑이란 신이 인간에게 주신 것을 자기 한 사람의 것으로만 해두지 않고 다른 사람에게 나누어 주는 것입니다. 신의 사랑은 무한합니다. 그러므로 우리 인간이 그 사랑을 아무리 주고 또 주어도 닳아 없어지는 일은 없습니다. 신은 우리에게 사랑을 공급해 주고 계십니다.
　사랑의 본질이란 우선은 주는 것입니다. 이 점을 잘 이해해 주셨으면 합니다.
　사랑으로 괴로워하는 사람들이여, 잘 들으십시오. 왜 여러분은 괴로워하는 것입니까? 왜 사랑으로 괴로워하는 것입니까? 사랑을 줌으로써 괴로워하는 것입니까? 보답을 바라서는 안됩니다. 보답을 바라는 것은 진정한 사랑이 아닙니다. 진정한 사랑이란 주는 사랑입니다. 주는 사랑이란 곧 무상無償의 사랑입니다. 당신이 주는 사랑은 본래 당신 것이 아닙니다. 당신의 사랑은 신에게서 주어진 사랑입니다. 그 사랑을 신에게 되돌려드리기 위하여 우리는 다른 사람을 사랑해야 하는 것입니다.

　괴로움의 원인은, 자기는 다른 사람을 사랑하고 있는데도 다른 사람은 자기를 사랑해 주지 않는다고 생각하는 데에 있습니다. 아니, 다른 사람이 자기를 사랑해 주지 않는 것이 아닙니다. 자기가 기대하는 만큼 다른 사람이 자기를 사랑해 주지 않는다고 생각하기 때문에, 사랑을 기연機緣으로 하여 인간은 한 가지 고뇌에 빠져드는 것입니다. 사랑의 보답은 다른 사람에게서가 아니라 신에게서 옵니다.

　신에게서 오는 보답이란 무엇이겠습니까? 그것은, 즉, 사랑을 주면 줄수록 당신 자신이 신과 가까운 인간이 되어간다는 것입니다. 그것이 신의 보답입니다.

　신의 본질을 보십시오. 신은 찬란히 내리쬐는 햇빛처럼, 소득이 없으면서도 무한한 사랑과 자비를 만물에게 주고 있지를 않습니까? 여러분 한 사람 한 사람의 생명조차도 신에 대해 한 푼도 지불하지 않은 채 주어진 에너지가 아닙니까?

　그렇다면 먼저 '주는 것'에서부터 시작해 보십시오. 준다는 것은 '어떻게 하면 한 사람이라도 더 많은 사람들이 행복하게 살 수 있는지를 생각하며 나날을 산다는 것'입니다. 준다는 것은 '한 사람이라도 더 많이 방황하는 사람들의 마음에 사랑의 빛을 던져준다는 것'입니다. 또한 '한 사람이라도 더 많은 사람들을 어려움과 좌절의 인생에서 다시 일어서게 하여, 지혜와 용기의 나날을 보내게 만든다'는 것입니다.

지혜를 가지고 사랑을 주어 보십시오. 물질을 주는 것만이 주는 것은 아닙니다. 자비마慈悲魔[27]가 되는 것만이 주는 일이 아닙니다.

진실로 준다는 것은 진실로 사람을 살리는 길이며, 진실로 사람을 살리기 위하여서는 지혜가 없으면 안됩니다. 그렇기 때문에 우리는 지혜를 가지고, 용기를 가지고 주는 쪽의 인생, 즉, 무상의 사랑을 사람들에게 주는 인생을 걸어가지 않으렵니까?

사랑에 적은 없습니다. 사랑은 무적입니다. 왜냐하면 진정한 사랑이란 주는 사랑이며, 무상의 사랑이며, 대항하는 것을 허용하지 않는 무한한 힘이기 때문입니다. 사랑은 대하大河입니다. 무한한 상류로부터 무한한 하류로 흘러가는 대하입니다.

그리고 그 어떤 사람도 이 대하에 거역할 수는 없습니다. 모든 것을 주고 모든 것을 흘러가게 하는 힘이기에 영원히 사랑에 대항할 수 있는 악 따위는 이 세상에는 존재하지 않는 것입니다.

---

27) 자비마 : 어떤 사람에게 자꾸 원하는 것을 제공하거나 해서 차츰 그 사람이 의존심이 강해지거나 버릇이 없어져 결국 그 사람을 타락시켜 버리는 결과를 빚는 사랑의 제공자를 말한다. 지혜 없이 '주는 사랑'의 실천을 하면 자비마가 되기 쉽다.

사랑의 발전단계설

 사랑에 대해 여러 가지로 이야기해 왔습니다. 그리고 진정한 사랑이란 주는 사랑이며 무상의 사랑이라고도 설하였습니다. 다음으로, 아무래도 사랑에는 발전단계가 있다는 진실한 가르침을 언급하지 않을 수 없게 되었습니다.
 그렇습니다. 사랑에도 발전단계가 있습니다. 그러나 지상 사람으로 이 발전단계를 알고 있는 사람은 많지는 않을 것입니다.
 사랑의 발전단계의 제1단계로서 먼저 '사랑하는 사랑'이 있습니다. 이 사랑하는 사랑은 어떤 의미로는 가장 사랑다운 사랑이라고 할 수 있습니다. 즉, 그것은 자녀에 대한 부모의 사랑이고, 부모에 대한 자녀의 사랑이며, 여자에 대한 남자의 사랑이고, 남자에 대한 여자의 사랑이며, 친구에 대한 사랑이며, 나아가서는 이웃에 대한 사랑입니다. 좀 더 넓게 말하면 사회에 대한 사랑,

공동체에 대한 사랑도 이 '사랑하는 사랑'에 포함됩니다.

　'사랑한다'고 해도 역시 주는 사랑임에는 변함이 없습니다. 말하자면 사랑하는 사랑의 기초에 있는 것은 그 사람이 당연히 관심을 가져 마땅한 자에 대한 사랑이기 때문입니다. 그 사람이 관심을 가져 마땅한 자에 대해 호의를 베풀어준다는 것이 '사랑하는 사랑'입니다. 이것은 가장 근본적이고 일반적이면서도 실제로는 꽤 어려운 사랑이라고 할 수 있습니다.
　지상세계가 이 사랑하는 사랑으로 충만된다면 적어도 이 세상은 확실한 천국이 될 것입니다. 사랑하는 사랑이란 모든 사람에게 기대할 수 있는 사랑이며, 모든 사람이 사랑하는 사랑의 훌륭함을 선천적으로 이해할 수 있습니다. 즉, 인간은 태어날 때부터 사랑을 주는 것에 대해 행복감을 느끼도록 되어 있기 때문입니다. 그러나 문제는, 사랑하는 사랑을 항상 이해할 뿐만 아니라 그것을 어떻게 실천하느냐 하는 것입니다. 이 사랑하는 사랑이 참으로 실천되면, 지상은 3차원이면서도 그대로 실재계의 5차원 선인계善人界로 변모될 것입니다. 즉, 이 사랑하는 사랑의 실현이 지상천국으로 가는 첫걸음인 셈입니다.
　사랑의 발전단계의 제2단계에는 '살리는 사랑'이 있습니다. '사랑하는 사랑'은 누구나 다 할 수 있는 사랑이며 그 실천만이 문제입니다만, 이 '살리는 사랑'은 아무나 실천할 수 있는 사랑이 아닙니다. 왜냐하면 사람을 살릴 수 있는 사람이란 뛰어난 사람이며, 스스로의 재능과 노력에 의하여 사람을 이끌 수 있을 만큼 자기를 확고히 만들어 놓지 않으면 참으로 다른 사람을 살릴 수가 없기 때문입니다.

즉, 살리는 사랑이란 곧 인도하는 사랑입니다. 그러므로 그 사랑을 실천하기 위한 전제로서 먼저 우수한 인격을 쌓아두지 않으면 안됩니다. 왜냐하면 맹인은 맹인을 인도할 수 없기 때문입니다.

강물이 상류에서 하류로 흘러가듯이 이 살리는 사랑 또한 상류에서 하류로 흘러가는 사랑이라고 할 수 있습니다. 살리는 사랑이란 지성의 사랑이며, 이성의 사랑입니다. 그러므로 높은 지성에 의하여 인간과 사회의 본질을 간파하고, 뛰어난 이성에 의하여 그 문제 해결의 칼을 휘두를 수 있는 사람이 아니면 참으로 사람을 인도할 수는 없습니다. 이리하여 살리는 사랑의 체현자는 혼적魂的으로 퇴화해 가려는 자에 대해서는 '교도敎導의 노여움'을 보여 올바른 방향으로 이끄는 일도 있습니다. 그렇게 하지 않으면 참으로 사람을 살릴 수가 없기 때문입니다.

이러한 의미에서 '살리는 사랑'이란 실재계 6차원 광명계光明界

의 사랑이라고 할 수 있습니다. 살리는 사랑을 실천할 수 있는 지상의 지도자도 물론 있습니다. 그러나 그 마음은 이미 6차원 세계와 통해 있는 것입니다.

관심을 가지고 마땅히 그래야 할 사람에게 호의를 베푸는 '사랑하는 사랑'. 그리고 뛰어난 자기를 만들어 사람을 이끄는 '살리는 사랑'. 어느 것이나 다 훌륭한 사랑입니다. 그렇다고는 해도 살리는 사랑만으로는 아직 충분하다고 할 수 없습니다. 왜냐하면 단순히 사람을 살리는 일이라면, 재능이 있거나 타인을 웃도는 지성이 있으면 가능하기 때문입니다. 그러나 사랑에는 재능이나 지성, 노력을 초월한 사랑이 있습니다. 즉, 그것이야말로 제3단계의 사랑인 '용서하는 사랑'입니다.

'용서하는 사랑'의 실천자는 위대한 종교적 경지에 이르는 비약을 경험하고 있을 것입니다. 즉, 이 용서하는 사랑이란 선악을 초월하여 자기 사명에 철저한 자의 경지이기 때문입니다. 그 이유는, 이 경지에 있는 사람은 3차원 물질계에 살고 있는 사람들이 영적靈的으로 맹목하기에 손으로 더듬는 상태에서 살고 있다는 것을 깨닫고 있기 때문입니다. 그것을 위하여서는 자신의 어리석음을 깨달아 회심回心하였다고 하는 영적 각성靈的覺醒의 체험이 필요합니다. 스스로의 괴로움 속에서 빛을 발견한 자만이 상대의 눈에 낀 비늘을 간파하고 그 진실한 불성佛性을 사랑할 수가 있습니다. 그러므로 이것은 크나큰 도량과 아량으로써 재능을 초월한 덕을 가져야만 비로소 출현하는 경지라고 할 수 있습니다.

인간의 본질을 모두 부처의 자녀, 신의 분신으로서 볼 수 있는 사람에게만, 적敵이라고 보이는 자의 본질에서 불성佛性을 볼 수가 있습니다[반야般若의 지혜]. 즉, 이 용서하는 사랑의 경지는 보살의 경지입니다. 그러므로 이 용서하는 사랑의 실천자는 7차원의 사자使者이며 그 마음은 실재계의 보살계와 통해 있습니다.

그러나 위에 든 용서하는 사랑, 즉, 보살의 사랑은 결코 악마의 활동을 용서하고 그 활동을 조장하는 취지로 이해해서는 안됩니다. 악마는 인간에 대한 신의 사랑을 저해하는 자이며, 그 존재 자체가 사랑의 안티테제Antitheses - 반정립反定立입니다. 보살은 악마에 대해 '신앙심'과 '무아無我의 노여움', '공심空心의 노여움'으로써 싸우는 법입니다. 부처(신)와 적대敵對해봐야 도저히 이길 수 없다는 것을 깨닫고 비로소 '용서의 문'으로 들어오는 악마도 있습니다. 이와 같이 '용서하는 사랑' 가운데에도 '능동적인 용서'가 필요한 경우가 있습니다.

이어서 나는 그 이상의 사랑의 경지가 있다는 것을 말하고자 합니다.

존재의 사랑과 신의 사랑

　용서하는 사랑을 초월한 한 단계 더 높은 사랑이란 무엇인가? 나는 그것을 '존재의 사랑'이라고 하겠습니다. 이 사랑은 이미 일대일一對一의 사랑은 아닙니다. 상하관계조차도 초월한 사랑입니다.

　'존재의 사랑'이란 그 사람이 이 세상에 존재하기만 하면, 그 사람이 여러분 인생의 어느 순간을 통과하기만 하면, 여러분을 전미개오轉迷開悟[28]하도록 할만한, 여러분의 인생을 일변一變시킬만한, 여러분을 회심廻心으로 이끌만한, 그러한 사랑이라고 할 수 있습니다. 때마침 같은 시대에 이 지상에 그 사람이 살고 있는 것만으로 세계가 밝아지고 인류에게 희망의 등불이 켜진다고 할 수 있는 그러한 인간의 존재, 그 사람이 누군가를 사랑하기 때문에 그것을 사랑이라고 하는 것이 아닙니다. 그 사람이 아름다운 말을 하기 때문에 그것을 사랑이라고 하는 것이 아닙니다. 그 사람이 상냥하게 대해 주기 때문에 그것을 사랑이라고 하는 것이 아닙니다. 그 사람의 존재 자체가 사랑이고, 사랑 그 자체가 존재하는 것과 같은 인격을 가진 사람, 우리는 그 사람을 '존재의 사랑'의 체현자라고 부르기로 하겠습니다. 이러한 사람은 인류의 역사 속에서는 반짝반짝 빛나며 분명히 존재합니다.

'용서하는 사랑'이 덕이 높은 종교가의 사랑이라고 한다면, 이 '존재의 사랑'은 인류사人類史에 우뚝 솟은 위인의 사랑이며, 이 세상의 빛이며, 시대의 정신이라고 할 수 있습니다.

존재의 사랑이란 일대일의 사랑이 아니라고 하였습니다만, 그것은 일대다一對多, 혹은 방사선과 같이 발산되는 사랑입니다. 즉, 빛의 존재, 빛의 화신化身입니다.

그렇다고 한다면 이 사랑의 단계가 어떠한 경지인지 알 수 있을 것입니다. 그렇습니다. 이것은 8차원 여래계如來界의 사랑입니다. 그러므로 그 시대에 존재의 사랑이 될 정도의 사람은 곧 여래이며, 이 세상에 하생下生하는 것 자체가 인류에 대한 크나큰 자비慈悲입니다. 자비란 널리 골고루 내리비추는 사랑의 빛이며, 거기에는 상대에 따라 농담濃淡이 있는 '상대적인 사랑'은 없습니다. 자비란 말하자면 '절대적인 사랑'이며 '치우침이 없는 사랑'입니다.

'사랑하는 사랑' - 5차원, '살리는 사랑' - 6차원, '용서하는 사랑' - 7차원, '존재의 사랑' - 8차원. 사랑의 단계를 나타내면 결국 이렇게 됩니다. 그러므로 우리가 수행 과정에서 목표로 삼는 사랑은 이러한 사랑의 단계를 알아두면 충분하다고 할 수 있습니다.

　사랑에는 물론 4차원적인 사랑도 있습니다. 4차원의 사랑이란 '본능의 사랑'입니다. 그 본능의 사용방법에 따라 지옥계와 통하기도 하고 유계(정령계)와 통하기도 합니다만 적어도 이것은 수행자가 목표로 삼아야 할 사랑은 아닙니다.

　지구인류 최고의 사랑으로는 9차원의 사랑이라는 것도 있습니다. 이것은 '신神의 화신化身으로서의 사랑'이며 '구세주의 사랑'입니다. 나는 수행 목적으로서 세상 사람들에게 이 사랑을 목표로 삼으라고는 하지 않습니다. 즉, 이 사랑의 단계는 신(부처)에 의하여 명령받은 신(부처)의 도구로서, 최고의 대리인으로 선택된 사람의 사랑이기 때문입니다. 만약 잘못된 종교가가 '구세주의 사랑'을 설하려고 한다면 내세에 기다리고 있는 것은 9차원 세계가 아니라 4차원 지옥계의 가장 깊은 부분인 무간지옥無間地獄[29]입니다. 왜냐하면 신(부처)의 소리를 잘못 전달하는 행위는 실재계에서는 살인, 강도 이상으로 흉악한 범죄행위이기 때문입니다. 그것은 살아 있는 사람의 생명 이상으로 소중한, 영원한 혼까지도 썩게 만들기 때문입니다.

그러므로 우리는 '존재의 사랑' 위에는 단지 '신의 사랑'(또는 부처의 대비大悲)이 있다고 하는 사실, 인류에 대한 신(부처)의 크나큰 인도의 사랑, 진화를 바라는 사랑이 있다고 하는 사실을 가지고 만족하지 않으면 안됩니다.

이리하여 사랑의 발전단계에는 노력 이전인 4차원의 '본능의 사랑'의 다음으로 '사랑하는 사랑', '살리는 사랑', '용서하는 사랑', '존재의 사랑'이라는 노력의 대상이 되는 사랑이 있고, 마지막으로 인간의 마음을 초월한 '신의 사랑'이 있습니다.

---

28) 전미개오 : 번뇌에 의한 방황(미迷)을 깨뜨려, 깨달음을 얻는다는 뜻.
29) 무간지옥 : 범어梵語의 '아비阿鼻'·'아비지阿鼻旨 – Avici'를 번역한 말. 잘못된 사상, 특히 인간의 혼을 타락시키는 종교나 사상을 펴서, 사람들을 잘못된 길(지옥)로 이끌어 간 사람들이 가는 지옥. 주로 잘못된 종교가·사상가들이 죽어서 가는 지옥이다. 아비규환阿鼻叫喚의 괴로움을 끊임없이 받으므로 '무간無間(사이가 없다, 즉 끊임없다)'이라는 이름이 붙었다.

사랑과 팔정도

 나는 제2장에서 진설 팔정도를 설하였습니다. 그리고 지금 사랑의 발전단계설을 논하였습니다. 그래서 이제부터 이 두 가지의 관계에 대해 이야기해 보고자 합니다.

 진설 팔정도 가운데에는 인간으로서 올바르게 살아가기 위한 여덟 가지 길이 있음을 이야기하였습니다만, 이 또한 나날이 깨달음을 얻기 위한 재료이며 깨달음에 이르는 길입니다. 한편, 사랑의 발전단계설에서는 수행의 대상으로서 '사랑하는 사랑', '살리는 사랑', '용서하는 사랑', '존재의 사랑'이라는 네 단계가 있음을 설하였습니다.

 이 두 가지를 비교해 보면, 팔정도 쪽은 나날의 수행이며 나날의 깨달음을 중시하는 것이라고 할 수 있습니다. 그리고 사랑의 발전단계설은 나날의 생활에서 발달하면서도 어느 정도 중기적이고 장기적인 목표도 함께 가지고 있다는 것을 지적할 수 있다고 생각합니다.

팔정도에 의한 '깨달음에 이르는 길'을 굳이 사랑의 발전단계설에 의한 '깨달음에 이르는 길'과 비교한다면 다음과 같이 말할 수 있을 것입니다.

1. 정견正見, 정어正語는 사랑하는 사랑과 통한다.
2. 정업正業, 정명正命은 살리는 사랑과 통한다.
3. 정사正思, 정정진正精進은 용서하는 사랑과 통한다.
4. 정념正念, 정정正定은 존재의 사랑과 통한다.

그래서 각각이 어떠한 것인지에 대해 그 의미를 설명해 가기로 하겠습니다.

우선, 왜 정견, 정어는 사랑하는 사랑과 통한다고 할 수 있습니까? 사랑하는 사랑이란 자기가 당연히 관심을 가져야 할 대상에 대한 사랑입니다. 그래서 상대에 대해 적절한 호의를 가지기 위하여서는, 우선은 올바른 신앙에 비춰 상대를 올바르게 보는 것부터 시작하지 않으면 안됩니다. 모든 일의 옳고 그름을 분별하는 것이 중요합니다. 또한 '상대가 지금 무엇을 바라고 있는가? 지금 상대가 어려움을 겪고 있는 것은 무엇인가?', 그것을 선입관을 배제하여 있는 그대로 올바르게 보아야 합니다. 올바르게 볼 수 있게 되면 이번에는 올바르게 말할 수 있어야 합니다. 즉, 상대에 대해 해로운 말이 아니라 적절한 조언을 합니다. 상대의 마음을 따뜻하게 하는 말, 어려움을 겪고 있는 상대가 기운을 되찾을 수 있게 하는 적절한 말을 사용할 일입니다.

다음으로 정업, 정명은 살리는 사랑과 통합니다. 정업이란 올바르게 행위를 하는 것. 석가의 시대에는 계율을 지켜서 신체가 죄를 저지르지 않도록 하는 것을 의미하였습니다. 즉, 인간을 포함하여 산 것을 죽이거나[살생殺生], 도둑질하거나[투도偸盜], 남편 또는 아내 이외의 이성과 색정관계를 갖는 것[사음邪淫]을 자계自戒하고 있었습니다. 현대적으로 번역한다면 폭력, 도둑질, 불륜 등을 피하여 사회인으로서 윤리성을 높이는 일입니다. 또한 다른 사람의 인권이나 인격을 충분히 존중하여 행동하는 일입니다. 사회인으로서 자기의 품성을 도야해 감으로써 다른 사람들도 계몽해 갈 수가 있습니다.

정명이란 스스로의 생명을 올바르게 다하는 것, 즉, 올바르게 생활하는 것입니다. 불법진리와 어긋나는, 스스로를 타락시키는 직업선택(폭력조직, 범죄성을 띤 풍속영업, 불필요한 살생을 생업으로 하는 일 등)을 피하고, 폭주暴酒, 내기 마작麻雀이나 화투 등의 도박행위, 경마나 경륜競輪에 빠지는 일, 마약, 건강을 해치는 끽연 등에서도 멀어져야 합니다. 거액의 빚을 진 생활을 어쩔 수 없이 하게 되어 빚쟁이 등에게 쫓기는 생활도 올바른 생활이라고는 할 수 없습니다. 또한 인간은 자기 혼자서만 살아갈 수는 없습니다. 많은 사람들의 도움을 받고, 많은 사람들과 함께 공동생활을 하며, 서로 살고 있습니다. 즉, 올바른 생활, 요컨대 올바른 신앙생활 속에서만 서로 살리는 길이 있고, 살리는 사랑의 실천의 터가 있는 것입니다. 상호 간에 서로 이끌어야 할 장소가 있습니다. 바꾸어 말하면 가정 유토피아 만들기에 힘쓰는 사람, 즉, 정명 실천자가 늘수록 이 세상은 천국에 가까워집니다. 이리하여 정업, 정명은 주로 살리는 사랑의 단계에 있다고 할 수 있습니다.

세 번째로 정사, 정정진은 용서하는 사랑과 통합니다. 먼저 정사 - 올바르게 생각한다는 것, 즉 마음의 삼독三毒 (탐貪, 진瞋, 치癡)이나 육대번뇌六大煩惱 (마음의 삼독에 만慢, 의疑, 악견惡見을 더함)에 휘둘리지 않고, 인간관계를 진실한 눈으로 보고 조정하려고 하는 생각이 바로 올바르게 생각한다는 것입니다[주9]. 현상인간現象人間으로서의 상대의 모습에 현혹되지 말고, 실상세계實相世界의 주민으로서 진실한 모습을 마음에 그려, 그 인간과 올바른 관계를 갖는 모습을 생각합니다.

자신의 마음속에 잘못된 생각이 있으면 그것을 반성합니다. 그리고 서로가 부처의 자녀로서 본래 가져야 할 모습을 생각합니다. 거기에는 함께 이끌어 가면서 대조화大調和를 지향하는 사람들의 모습이 있습니다. 올바르게 생각할 수 있게 되면 마음은 항상 관용하여 모든 것을 감싸 들일만한 풍요로운 심경이 될 수 있습니다. 그러므로 이 경지를 연마해 낼 수 있으면 마음은 저절로 용서하는 사랑의 경지로 높아져 가는 것입니다.

　정정진도 또한 같습니다. 정정진 - 올바르게 길道에 정진한다는 것은 불법진리의 획득을 위하여 노력, 매진邁進한다는 것이며, 유혹을 끊고 선념善念으로 마음을 가득 채운 결과, 나날이 깨달음의 경지가 깊어져 가는 것입니다. 부처를 향한 길을 향해 올바르게 정진할 때, 덕력德力은 배가倍加되어 거기에는 노여움도 없고, 푸념도 없고, 거기에는 불평불만도 없고, 질투도 없으며, 글자 그대로 '정사正思'의 생활이 실현되어, 오로지 대조화의 세계가 지상에 용출할 뿐입니다. 즉, 마음은 항상 부동심을 유지하여 죄가 있는 사람마저도 정화할 만한 힘이 나온다고 할 수 있습니다. 그러므로 정정진을 연마하면 할수록 종교적인 견식이 한층 더 깊어져서 실로 용서하는 사랑의 경지가 넓어져 가는 것입니다.

　그리고 네 번째의 정념, 정정이란 존재의 사랑으로 통합니다. 정념이란 올바르게 염念하는 것, 즉, 불법진리의 생활에 마음을 집중시키는 일입니다. 마음을 차분하게 하여 올바르게 자신의 미래설계를 하고, 올바른 자기 실현의 모습을 기도하는 것이 정념입니다. 그런데 불법진리를 구하는 자에게 있어서 올바른 자기 실현이란 무엇을 의미하겠습니까? 그것은 부처의 자녀인 인간으로서 완성된 모습을 나타냅니다. 부처와 일체인 경지, 이는 곧 여래의 경지입니다. 인간으로서 최고의 모습, 그리고 그 사람의 존재 자체가 세상 사람들이 존경하는 대상이며, 그 사람의 존재 자체가 세상 사람들에 대한 광명이 될 만한 인간이 되는 것. 그것이 올바르게 염한다는 것이며, 올바른 인생목표의 궁극적인 모습이라 할 수 있습니다.

또한 정정 - 올바르게 정定에 든다는 것, 올바른 명상상태에 드는 것은 종교가로서, 불법진리를 구하는 자로서는 최고 단계의 모습입니다. 예로부터 종교가들은 요가라든지 좌선, 지관止觀, 혹은 반성적 명상 등, 여러 가지로 정신통일을 하여 여러 고급령들과의 교류를 추구하였습니다. 먼저 정정에는 나날의 반성 속에 자신의 수호령과 교류하는 단계가 있습니다. 나아가 천명天命을 수행遂行하도록 지도하는 영과의 교류가 있고, 최종 단계로서 상단계 빛의 지도령, 여래계의 사람들과 교신하는 단계가 있습니다.

살아 있는 인간의 마음은 일념삼천一念三千. 여래의 경지의 깨달음을 얻으면 정정을 하는 가운데에서 여래계 대지도령과 교류를 할 수 있게 됩니다. 육체를 가진 8차원 여래인 사람이면서 상단계 빛의 대지도령으로부터 직접적 또는 간접적인 지도를 받지 않는 사람은 한 사람도 없습니다. 최소한이어도 영감을 받아서 스스로의 천직天職을 수행하고 있다는 것만은 확실합니다.

결론적으로 말하면, 존재의 사랑에 도달하기 위하여서는 올바르게 정定에 들어 해탈할 것, 그리고 올바른 정신통일을 완성한다는 것이 전제가 됩니다.

이상에서 서술해 온 것을 바꾸어 말하면, 팔정도에도 수행으로서의 단계가 있으며, '정견, 정어' → '정업, 정명' → '정사, 정정진' → '정념, 정정'의 네 단계로 나누어 수행에 힘쓰면 반성을 하기 쉽다는 것입니다. 이것은 석가가 설한 팔정도의 순서와는 다릅니다만, 초학자初學者에게는 유효한 수행 순서입니다주10).

이것은, 즉, 사랑하는 사랑을 실천할 수 있게 되면, 다음에는 살리는 사랑의 실천에 힘쓰고, 살리는 사랑의 단계를 거쳐 용서하는 단계에 이르며, 최종적으로는 존재의 사랑에 도달한다는 것과 같다고 할 수 있습니다.

'정견, 정어' 없이 '정업, 정명' 없고, 또 '정사, 정정진', '정념, 정정'도 있을 수 없습니다. 마찬가지로 '사랑하는 사랑' 없이 '살리는 사랑'도 '용서하는 사랑'도 '존재의 사랑'도 있을 수 없습니다. 여하튼 최초의 단계가 가장 중요하다는 것입니다.

주9) **마음의 삼독과 육대번뇌** : 불성을 더럽히는 세 가지 나쁜 정신작용(번뇌)을 마음의 삼독이라고 하며, 탐욕의 마음[탐貪], 노여움의 마음[진瞋], 어리석음[치癡]을 대표로 한다. 여기에 우쭐대는 마음[만慢], 의심하는 마음[의疑], 갖가지 잘못된 견해[악견惡見]라는 세 가지를 더해 육대번뇌라고 하며, 인간의 올바른 생각을 현혹시켜 지옥으로 떨어뜨리는 중대 원인이라고 간주하는 것이 불교적 정사正思의 기준이다. 다만, 백팔번뇌라고 말해질 정도로 나쁜 정신작용이 많아 정사에는 무한한 깊이가 있다.

주10) **수행순서** : 수행의 프로로서의 행복의 과학 회원에게는 근본경전根本經典인 ≪불설佛說 정심법어正心法語≫속의 '⑤ 해탈의 말씀, '불설 팔정도'를 실천할 것을 권한다.

천사의 사랑

　그러면 여기서 사랑을 받아들이고 실천하는 쪽의 인간만이 아니라, 사랑을 공급하는 쪽, 즉, 고급령계의 천사들의 사랑에 대해서도 언급해 두고자 합니다.

　천사라고 불리는 존재들은 일반적으로 6차원 광명계의 상단계 이상인 사람들입니다. 즉, 제천선신諸天善神을 비롯하여 7차원의 보살들, 8차원의 여래들, 9차원의 대여래 또는 '대사大師, 구루guru30) 혹은 상상단계上上段階의 빛의 대지도령'이라고 불리는 분들입니다.

　이러한 분들도 실재계에서는 사랑의 공급, 그 발현방법이 다른 것 같습니다. 먼저 6차원 아라한(빛의 천사)의 사랑에는 세 가지가 있습니다. 첫 번째는 지상인에 대한 수호신으로서의 사랑, 두 번째는 지옥령 구제자로서의 사랑, 그리고 세 번째로 5차원 선인계 사람들에 대한 교육자로서의 사랑이 있습니다.

7차원 빛의 보살(천사)의 사랑은 네 가지가 있습니다. 첫 번째 사랑은 지상에 종교가 또는 각계의 지도자로 태어나 세상 사람들을 이끄는 사랑입니다. 두 번째 사랑은 여래계 대지도령의 보조자로서 봉사하는 사랑, 세 번째 사랑은 지옥령 구제를 위한 책임자로서의 사랑, 네 번째 사랑은 실재계의 빛 공급자로서의 사랑입니다. 6차원 이하의 세계에는 그들 뭇 보살이 매개함으로써 부처의 빛이 공급되고 있습니다.

8차원 빛의 여래(대천사)의 사랑에는 다섯 가지가 있습니다. 첫 번째는 수백 년마다 지상에 나와서 새로운 종교를 일으키던가, 위대한 종교개혁자가 되기 위하여 태어나 이 지상에 새로운 가르침을 설하는 사랑입니다. 두 번째는 뭇 보살의 지도자로서의 사랑으로서, 한 사람의 여래가 대개 수십 명의 보살을 지도하고 있으며, 뭇 보살은 반드시 여래 한 사람을 스승으로 섬기고 있습니다. 세 번째는 지옥의 사탄과 싸워 그것을 회심回心시키기 위한 대대장大隊長으로서의 사랑입니다. 네 번째 사랑은 부처의 빛 프리즘에 의한 하나의 광선(예를 들면 사랑의 광선)을 전문으로 하여, 그것을 보급하기 위한 것입니다. 그리고 다섯 번째는 신문명新文明 설계를 위한 실무담당자로서의 창조적인 사랑입니다.

9차원 빛의 대여래, 빛의 대지도령의 사랑은 모든 것을 다 포함합니다만, 크게 나누면 다음의 여섯 가지로 나누어집니다. 첫 번째는 수천 년 간격으로 지상에 나와서 세계적인 종교를 일으키고 지상을 정화하는 구세주로서의 사랑, 두 번째는 구세주로서 지상에 나온 자를 실재계에서 지도하는 지도자로서의 사랑, 세 번째는 인류의 진화를 담당하는 추진자로서의 사랑, 네 번째는 부처의 일곱 빛깔 빛의 광원光源으로서의 사랑, 즉, 8차원 이하에 개성이 있는 빛을 공급하는 공급자로서의 사랑입니다. 다섯 번째는 실재계에서 질서 통제자로서의 사랑, 즉, 각자의 심경이 진전되었나를 헤아리는 척도로서의 역할을 수행하는 사랑, 여섯 번째로 우주 계획 속에서 지구 계획을 담당하는 최고 책임자로서의 사랑입니다.

---

30) 구루 : 힌두교에서 도사導師 · 교사라는 뜻이지만, 여기서는 어떤 분야의 최고 지도자를 말함.

사랑의 대하

 인간으로서의 사랑, 그리고 천사로서의 사랑에 대해 여러 가지로 생각해 왔습니다만, 이렇게 보니 이 3차원은 물론이고, 4차원 이후의 다차원 세계, 고차원 세계에도 일관되게 흐르는 사랑이란 대체 무엇이겠습니까? 그것은 하나의 생명의 분류奔流이며, 도도히 흘러나와 마르지 않는 생명의 물이라고도 할 수 있습니다. 실제로 영적인 눈, 영안靈眼으로써 9차원부터 3차원까지를 바라보면, 아득한 고차원에서 발원發源한 사랑의 대하大河가 거대한 에너지의 강이 되어, 9차원 → 8차원 → 7차원 → 6차원 → 5차원 → 4차원 → 3차원으로 흘러오는 모습은 실로 장대한 경관이며 일대 파노라마입니다.

 사랑이라는 것은 곧 이와 같이 하나의 대하라고 할 수 있습니다. 그것은 상류에서 하류로 흘러나와 멈출 줄을 모르는 하나의 힘이며, 대항하기 힘든 생명의 기세입니다. 사랑에는 적이 없나니, 실제로 이 영적인 사랑의 대하라는 파노라마를 보고 나면 사랑에 대적할 그 어떤 것도 있을 수 없다는 것을 분명히 알 수 있습니다. 여러분은 지옥이라는 것은 천국, 즉, 신(부처)의 세계와 맞겨룰 만한 세력이라고 생각하십니까? 또 천국과 지옥이라고 크게 나눌 수 있는 일대세계─大世界라고 생각하십니까? 그렇지는 않습니다. 신(부처)으로부터 발한 사랑이라는 이름의 대하는 아득한 상류에서 발단하여 강렬한 기세로 모든 것을 쓸어 내려가게 하고 있습니다. 지옥이 있는 4차원 세계라는 것은 아득한 하류, 강어귀 쪽이며, 물질만능이라든지 욕망이라든지 미망이라든지 악이라는 이름의 소금이 든 바닷물이 제아무리 강물을 염화시키려고 해도, 도도히 흘러와서 밀려오는 사랑의 대하라는 힘에는 대항하기 어렵습니다.

사랑은 빛입니다. 빛을 이길 수 있는 어둠이 없듯이, 사랑을 이길 수 있는 악도, 사랑의 대하를 끝까지 다 막아낼 수 있는 지옥도 없습니다. 지옥은 천국에 저항할 만한 세력은 아닙니다. 그것은 신께서 만드신 세계의 일부에 잠식蠶食한 암세포이며, 민물인 강물 속으로 스며들려고 하는 바닷물에 지나지 않습니다.

옛날부터 지옥이라는 것은 천국과 같은 크기로 천사와 악마가

대립하고 있는 것처럼 생각되어 왔습니다만, 실제로는 그러한 것이 아닙니다. 천국 - 천상계라는 것은 4차원의 유계를 출발점으로 하여 아득한 고차원에까지 이르는 것입니다. 그에 비해 지옥계라는 것은 다만 4차원 안의 흙 웅덩이, 빛이 들지 않는 그늘 부분에 지나지 않습니다.

물론 그 웅덩이도 꽤 커서 수십억 명이나 되는 지옥계 인구를 거느리고 있음은 분명합니다. 그러나 태양의 빛이 쬐어서 녹지 않는 얼음이 없는 것처럼 언젠가는 반드시 없어지게 되어 있습니다. 지옥계의 영향력이 과대평가 되는 것은 그 기반이 되는 영역靈域이 지상계와 매우 가까워, 상호 간에 간단히 파동을 받기 쉽게 되어 있기 때문입니다.

그러면 지옥계를 만들어 내고 있는 요소란 대체 무엇이겠습니까? 그 곳에 소용돌이치고 있는 요소, 상념의 에너지에는 다음과 같은 것이 있습니다.

질투, 시기, 감정이나 본능에 바탕을 둔 노여움, 푸념, 족할 줄을 모르는 마음, 불평불만, 비관적인 마음, 소극적인 마음, 우유부단優柔不斷, 겁, 게으른 마음, 자기혐오, 원한, 미움, 저주, 정욕, 자기현시욕, 이기주의, 독설, 일구이언, 조울躁鬱, 술주정, 폭력, 배타주의, 거짓말, 허구, 유물주의, 무신론, 고독, 독재주의, 금전욕, 지위욕, 명예욕, 부조화.

이것들은 모두 마이너스의 에너지입니다. 그러나 이러한 마이너스 에너지도 결코 실재하는 에너지는 아닙니다. 증오라든가 질투, 노여움이나 불평불만도 결국은 사랑의 부재입니다. 사랑의 에너지가 부족할 뿐입니다.

결국은 지옥령이라고 해도 천상계의 빛에 대항할 수 있을 만한 강력한 존재도 그 무엇도 아니고, 역시 그들도 '사랑 받고 싶은 존재'입니다. 악령들도 사실은 더욱 더 사랑 받고 싶은 것입니다. 많은 사람들이 상냥하게 대해 주기를 바라고 있는 것입니다. 그들의 본심에는 '사랑을 받았으면, 사랑을 더 받았으면'하는 마음이 있습니다. 그러므로 지옥령이란 실은 불행하고 딱한, 구해주지 않으면 안될 사람들입니다. 그들은 불행한 환자, '사랑 결핍증'이라는 병명病名을 가진 환자라고 할 수 있습니다.

나는 앞에서 사랑이란 우선은 주는 것이라고 말하였습니다. 그러나 지옥계에 있는 것은 항상 받기를 바라는, 무언가를 해주기를 바라는 사람들뿐입니다. 결국 사랑의 본질이 무엇인지를 모르는 채 '빼앗는 사랑'의 인생을 살아온 사람들이 지금 지옥계에서 괴로워하고 있는 것입니다. 지옥계를 없애는 것은 지금부터라도 늦지는 않습니다. 어떻게 하면 좋을까요? 그것은 모든 인간이 사랑의 본질이란 주는 것이라고 깨닫는 일입니다. 그러면 당신은 먼저 무엇부터 베풀어 가겠습니까? 주는 사랑이란 우선은 '감사하는' 것에서부터 시작되어 갑니다. 부처로부터 모든 것이 주어져 있음을 먼저 감사드려야 합니다. 그렇게 하면, 그 보은을 하기 위하여, 부처께서 만드신 세계에 무언가의 보답을 하고 싶어지게 됩니다. 다른 존재에게 사랑을 주는 첫 걸음이 거기에서 시작되는 것입니다.

제4장

깨달음의 극치

깨달음이란 무엇인가

깨달음이란 오랜 세월에 걸쳐 언제나 인류가 추구해 온 것입니다. 원래 깨달음이란 무엇인지를 모른다고 해도, 깨닫고 싶다는 마음에는 자기 자신을 한층 더 비약시키고 향상시키고자 하는 의욕이 있을 것입니다. 그것은 부정할 수 없습니다.

깨달음이란 특히 종교에는 으레 따라다니기 마련입니다만, 종교가 아닌 철학 속에도 깨닫고 싶다는 근원적인 강한 충동은 있습니다. 철학적으로 깨닫고 싶다는 마음은 진리에 도달하고 싶다는 마음입니다. 세상의 불가사의, 세상의 구조를 이지적으로 파악해 보고자 하는 생각도 입니다.

공자의 가르침인 '유교'를 종교로 보아야 할지는 논의의 여지가 있을 것입니다. 그러나 적어도 공자의 가르침이 인간완성의 길이고, 도덕적 완성의 극치라는 점에 대해서는 이론異論은 없을 것입니다. 즉, 공자는 '도道'라는 것을 통하여 인간을 교육적인 견지에서 깨닫게 하였던 것입니다.

그래서 내가 본 장에서 호소하고자 하는 것은 주로 종교적인 깨달음입니다. 그것은 물론 철학적인 진리에 도달하기를 바라는 마음과 도덕적인 인간완성으로 이르는 길도 같이 포함하고 있습니다. 그러나 종교적인 깨달음에서 가장 중요한 것은 '깨달음'이 부처와의 관계에서 이야기된다는 점입니다.

즉, 깨달음이란 부처께서 만드신 이 세계의 원리를 구명究明하면서도, 자기 스스로가 부처에 가까이 다가간다는 것입니다. 그러한 의미에서 깨달음에는 한계가 없습니다. 즉, '깨달았다'는 것은 영원히 있을 수 없다는 것입니다. 아무리 노력에 노력을 거듭해도 실재계 전부를 해명하기란 거의 불가능하기 때문입니다. 또한 스스로가 부처에 가까이 다가가는 노력도 영원한 시간을 기다리지 않으면 불가능에 가깝기 때문입니다.

그렇다고는 해도 깨달음에도 역시 단계가 있습니다. 그러므로 각각의 단계에서 '깨달았다'는 것은 가능합니다. 그리고 지상에 육체를 가진 인간으로서 최고의 깨달음을 얻었다는 것도 있을 수 있습니다.

그래서 나는 이제부터 인간으로서 최고의 깨달음에 이르는 계

제階梯에 대해 여러 가지 설명을 해 가겠습니다.

현재의 인류가 기억하는 과거의 대종교가大宗敎家, 대사大師 가운데 '깨달음'을 철저히 추구하였던 사람은 2천5백 수십 년 전 인도에서 법을 설법하였던 고타마 싯다르타, 즉 석가모니불입니다. 석가가 보리수 아래에서 깨달음을 얻어 불타가 된 이래, 여든 살로 쿠시나가라성Kusinagara城31) 밖의 사라쌍수沙羅雙樹 아래에서 입멸하기까지의 '깨달음'의 높이는 여러 문헌에서 전해지고 있습니다. 그러나 그러한 자료의 거의 대부분은 사상을 단편적으로 파악하고 있을 뿐, 실제로 깨달은 경지가 무엇인지는 전하고 있지 않은 것 같습니다.

마음의 세계는 불가사의합니다. 내가 마음의 문을 열고 스스로의 잠재의식층과 교류할 수 있게 된지 벌써 십수 년이 됩니다. 이 동안에 나는 과거의 성자들이 생각한 것, 행한 것, 사고한 것, 깨달은 것을 여실히 알 수 있게 되었습니다. 마음의 세계란 실로 불가사의합니다.

나는 석가가 보리수 아래서 얻은 깨달음의 내용이 어떠한 것이었는지 손바닥을 보듯 알 수 있습니다. 2천 수백 년이나 되는 옛날의 일이라 해도 그것이 이제 막 일어난 일처럼 전해져 오는 것입니다.

본 장에서는 주로 석가의 깨달음을 중심으로 하면서, 현재 세계 속에서의 깨달음을 재고再考해 볼 작정입니다. 그리하여 후세의 분들에게 깨달음에 관한 지혜知惠를 남겨두고자 합니다. 왜냐하면 깨달음을 얻기 위한 방법론은 인류가 과거부터 쌓아온 유산이며, 미래 인류를 위한 희망이기 때문입니다.

---

31) 쿠시나가라 : 네팔과의 국경 가까운 곳에 있었던 북인도의 고대도시. 석존이 입멸入滅한 곳으로 잘 알려져 있다. 불교의 성지聖地.

깨달음의 공덕

 인간은 대체 무엇 때문에 깨달으려고 하는 것입니까? 만약 깨달을 수 있었다고 할 때, 거기에서 대체 무엇을 얻을 수 있겠습니까? 이 점에 대해 생각하기 위해서는 먼저 인간 본래의 목적과 사명이라는 점부터 생각할 필요가 있습니다.
 그 출발점은 '인간은 왜 이 세상에 태어났는가'하는 데에 있습니다. '왜 육체를 가지고 태어났는가'하는 데에 있습니다.
 여러분은 인간으로 태어나기 전에 천상계에서 영으로서 자유자재의 생활을 하고 있었던 것입니다. 천상계에서는 음식물을 섭취하지 않아도 죽는 일은 없습니다. 돈벌이를 하지 않아도 길거리를 헤매는 일은 없습니다. 어머니 태내에서 거의 1년 동안 고통스러워하는 일도 없고, 어려서 세상사의 판단이 서지 않아 울고만 있을 필요도 없습니다. 청춘기의 성의 괴로움도 없을 뿐더러 부모와 자녀 간의 갈등도 없습니다. 경제적인 괴로움도 없고, 직장에서 다른 사람에게 부림을 당하는 괴로움도 없으며, 싫은 사람과 만나는 괴로움도, 좋아하는 사람과 헤어지는 슬픔도 없습니다. 늙는 슬픔, 병의 괴로움도 없습니다. 나아가서는 추해져 가는 괴로움, 자녀나 손자에게 버림받는 괴로움, 배우자와 사별하는 괴로움, 이윽고는 자기 자신도 죽지 않으면 안된다는 공포에 대한 괴로움. 천상계란 이러한 괴로움이 전혀 없는 세계입니다.

천상계에서는 서로의 마음이 유리처럼 훤히 들여다보여 누구나 다 자기의 마음을 알 수 있기 때문에, 조화되지 않은 마음을 가지고 있으면 도저히 같은 세계에는 있을 수 없게 됩니다. 따라서 매일 만나는 사람들은 모두 자신과 속마음이 속속들이 통하는 훌륭한 사람들입니다. 그곳은 모두가 서로 사랑하고 서로 살리는 세계입니다.

또 영인靈人들은 자신의 나이와 모습을 자유자재로 바꿀 수가 있습니다. 또 원하는 것이 있어서 강하게 염念하면 바로 눈앞에 나타납니다. 그리고 모든 사람들이 조금이라도 진리에 눈뜨려고 각각의 단계에서 수행에 힘쓰고 있습니다.

지옥계에 있는 조화되지 않은 영들은 결코 지상계에 인간으로 태어날 수가 없습니다. 그들의 마음은 투쟁과 파괴의 마음이며,

그와 같은 마음을 가지고 인체에 깃들이는 것은 결코 허용되지 않기 때문입니다.

그러면 이 지상에 다시 태어나기 위하여서는 어떻게 하는가? 우선은 적어도 4차원 유계(정령계)의 거주민일 필요가 있습니다. 그리고 천상계의 인간으로서 스스로가 영적인 존재이고 부처의 자녀라는 것을 조금이라도 깨닫지 않고서는 이 지상에 다시 태어날 수는 없습니다. 따라서 최소한 해야 할 반성이 끝나지 않았을 경우에는 그런 사람은 전생轉生할 수 없습니다.

이와 같이 지상에 다시 태어난다는 것은, 천상계에 있는 자에게는 당초부터 한 가지 시련이라고 할 수 있습니다. 또한 오랜 세월 지옥계에 있다가 겨우 반성을 끝낸 영에게는, 인간으로서 재출발하여 다시 한 번 새롭게 살아 볼 수 있는 기회이기도 합니다.

그러므로 지상계라는 것은 한 가지 수행의 터입니다. 천상계에서 자유자재로 살고 있었던 영에게는, 육체에 깃들이게 된다는 것은 곧 스스로의 영성靈性, 불성佛性이 시험되는 때입니다. 자신의 영적인 각성이 과연 진짜인지 아닌지 철저히 시험되는 장소입니다. 영적으로 자유자재일 때 부처를 믿기는 쉽습니다. 그러나 이 3차원 물질세계의 규칙(룰rule) 속에서 생활하면서 과연 얼마나 4차원 이후의 규칙(룰)을 깨달을 수 있는가? 부처의 힘을 깨달을 수 있는가? 부처의 힘이 작용하는 세계임을 깨달을 수 있는가? 그것이 철저히 시험되는 것이며, 이 시험에 합격해야 비로소 인간은 원래 있던 세계 이상의 고차원 세계로 돌아갈 수 있습니다.

오랜 세월 지옥계에서 괴로워하다가 겨우 반성의 경지에 도달하여 부처의 자녀인 인간으로서 최소한의 깨달음을 얻은 사람들은 '이번에야말로 훌륭한 인간이 되어 보이겠다'라고 벼르며 이 지상계에 태어납니다. 그러나 3차원 물질세계의 거친 파동에 강한 영향을 받고, 부처의 자녀로서의 자각을 얻지 못한 채 깊이 욕망의 세계를 탐닉하다가 천상계로 다시 돌아오지 못하여 점점 더 암흑의 지옥으로 내려가는 사람도 있습니다.

이 3차원 물질세계, 현상세계는 그만큼 힘든 수행의 터라고 할 수 있습니다. 그러나 한편으로는 다행스러운 면도 있습니다. 실재계에서는 결코 만날 수 없는 사람들이 이 3차원 세계에서는 한 곳에 모이게 되는 그런 기회가 있습니다. 육체를 가진 빛의 대지도령과 만날 수도 있고, 지옥의 사탄과 마음이 통한 사람들과 만날 수도 있습니다. 이러한 사람들이 같은 출발점에 서서 갓난아기로 태어나 평등하게 인생을 다시 시작할 기회가 주어져 있는 것입니다. 즉, 깨달음의 공덕이란 인생을 다시 시작할 수 있다는 데에 있습니다.

깨달음의 방법

그러면 인간은 어떻게 하면 깨달을 수 있는가? 이것이 그 다음 문제가 됩니다. 깨달음이란 인생을 다시 시작하는 과정에서 더욱 더 영성靈性, 불성佛性을 연마하는 것입니다만, 그 영성, 불성을 연마하는 방법이란 무엇인가를 생각해 보면, 거기에는 갖가지 가능성과 무한한 길이 준비되어 있음을 알아차리게 됩니다.

갖가지 가능성이란 곧 갖가지 수행방법입니다. 불교만이 아니라 기독교에도 신도神道에도 유교에도 도교에도 회교에도, 어떤 형태로든 수행의 방법이 있습니다. 그런 까닭에 살아 있는 인간은 부처의 길을 구하면서도 숲 속 같은 깊은 곳, 미로에 빠져들고 마는 것입니다. 그리하여 결국에 가서는 어떤 수행방법을 취할 것인가가 아니라 '어떤 종교가 참으로 올바른 종교인가'하는 것을 골똘히 생각하기 시작하는 것입니다.

세계적인 대종교로 간주되는 것은 어떤 형태로든 모두 부처의 빛의 발로發露라고 할 수 있습니다. 항간의 신흥종교는 제쳐놓는다고 하더라도, 몇백 년, 몇천 년에 걸쳐 사람들의 마음을 흔들어 마지않는 종교에서, 사람들의 존경을 받고 그 사람들의 존경심尊敬心이 끊일 줄 모르는 지도자들의 인생에는 부처의 광체光體에 의한 한 가지 빛남이 있습니다. 다만, 그 빛남은 가르침이 설해진 시대환경과 민족, 풍토에 따라 다소 다른 색채를 띠고 있습니다.

그러나 과거의 가르침은 과거의 가르침. 이제부터 새로운 시대에는 새로운 가르침이 필요해지고 있습니다. 새로운 가르침의 출현이야말로 급선무가 되고 있습니다. 새로운 수행방법이 모색되어야만 합니다.

깨달음의 방법이란 결국 부처의 경지와 자기의 경지가 융합되어 가기 위한 수단입니다. '부처의 마음을 자기의 마음으로 삼고 살아가기 위하여서는 어떻게 하면 좋은가?'하는 방법입니다. '진리에 부합된 삶이란 무엇인가'를 찾는 것입니다.

그렇게 하기 위하여 한편으로는 '진설 팔정도'의 길이 있고, 다른 한편으로는 '사랑의 발전단계설'이 있습니다. 불교적으로 길을 구하고자 하는 사람은 진설 팔정도를 나날의 지침으로 삼아 살아가면 될 것입니다. 왜냐하면 그 속에 보편의 불법진리가 설해져 있기 때문입니다. 아무리 궁구窮究하고 또 궁구해도 다 궁구해낼 수 없는 인간완성의 길이 있기 때문입니다.

　올바르게 보고, 올바르게 생각하고, 올바르게 말할 수 있는 사람이 과연 얼마나 있겠습니까? 올바르게 행위를 하고, 올바르게 생활할 수 있는 사람이 과연 몇 사람이나 있겠습니까? 올바르게 정진하고, 올바르게 염念하고, 올바르게 정定에 든다는, 불법의 심오한 이치를 다 궁구한 사람이 도대체 얼마나 있겠습니까? 즉, 이 팔정도의 길이라는 것도 평생을 들여도 도달할 수 없는 깨달음을 향한 구체적인 방법인 것입니다.
　초심자용 팔정도로서 '올바르게 보고', '올바르게 말할 수' 있게끔 연습하는 데에만 적어도 5년이나 10년은 걸릴 것입니다. 그리고 그것을 할 수 있게 되었다고 생각되면, 다음에는 '올바르게 행위를 하고', '올바르게 생활을 한다'는 데에 중점을 두고 나날을 지내보시기 바랍니다. 여기까지 할 수 있으면 6차원 광명계의 깨달음은 얻을 수 있을 것입니다.
　'올바르게 생각하고', '올바르게 정진하는' 것을 실천하면 본격적인 종교생활에 들어가기 위한 입구에 서게 될 것입니다. 인생의 도중에 어떠한 고난이 닥쳐오더라도 부동심을 가지고 버티어 갈 수 있을 만한 강철과 같은 마음을 만들어낼 수 있으면 이른바 아라한[주11]의 경지입니다. 아라한의 경지란 6차원 광명계에서 7

차원 보살계로 들어가기 위한 등용문이며, 어느 정도 자기 만들기가 된 상태입니다. 다른 사람의 사소한 말로 마음이 동요되거나, 대수롭지 않은 일로 마음이 불끈하거나, 지위욕이나 명예욕에 마음이 흔들리는 상태여서는 아라한의 경지에 이르렀다고 할 수 없습니다.

현재, 일본을 비롯한 세계 각지에 여러 종교가들이 있습니다만, 우선은 그 사람의 마음과 행동을 잘 보시기 바랍니다. 예를 들어 초능력에 빠져 있거나, 남의 약점을 이용하여 공갈 협박을 하거나, 속이거나, 무턱대고 지옥에 떨어질 것이라고 겁주거나, 반드시 벌을 받을 것이라면서 눈을 치켜뜨고 신자를 위협하여 금품을 뜯어내는 종교지도자들은 결코 아라한의 경지에 도달해 있지 않습니다. 아라한의 경지란 빛의 보살이 되기 위한 제1단계입니다. 그러므로 마음이 지위욕, 명예욕, 금전욕, 정욕, 노여움, 증오, 푸념에 흔들리는 상태를 가지고는 결코 천래天來의 종교 지도자라고는 할 수 없습니다.

우선은 기본적인 깨달음의 방법으로는 이 세상적인 것으로 마음이 흔들리지 않고 마음이 항상 청명하며 스스로의 수호령과 서로 통하여 타인의 마음을 손바닥 보듯 알 수 있는 단계, 즉, 아라한의 경지를 목표로 해야 합니다. 여기를 거치지 않고서는 이 이후의 수행도 깨달음도 있을 수 없습니다. 그러므로 우선은 아라한을 목표로 해야 합니다. 그리하여 그 이후의 깨달음 속에 참으로 진리를 깨우친 세계가 있는 것입니다.

주11) 아라한 : 산스크리트 어 'arhan'에 상응하는 음을 따서 만든 말이다.

여심

    깊은 깨달음, 아라한의 경지보다 더 깊은 경지란 어떠한 것이 겠습니까?
    아라한의 경지란 부처에 대한 확고한 신앙이 뿌리내리고 이 세상적인 풍파에 움직이지 않는 부동심이 생겨, 수호령의 지도를 받으며 나날의 생활을 하고, 그러한 가운데에서 접하는 타인의 마음을 훤히 들여다보듯 알 수 있는 단계입니다. 즉, 인간으로서는 꽤 완성된 단계이며, 종교인으로서도 일반 사람들을 지도할 수 있는 단계입니다.
    그렇다고는 하나, 아라한의 단계에서는 아직 전락할 위험성을 가지고 있습니다. 왜냐하면 아라한의 단계란 아직 한 차례의 반성이 끝나 자기 자신의 잠재의식층에 있는 수호령과 교류가 가능한 경지임에 지나지 않으며, 빛의 보살들의 마음까지는 충분히 알고 있지 못하기 때문입니다. 불법진리의 가르침의 높낮이, 다양성, 깊이 등에 대해서는 아직 충분히 이해하고 있지 못합니다. 그렇기 때문에 이설異說, 사설邪說 등에 현혹될 가능성도 높다고 할 수 있습니다.

또한 뒤쪽인 천구계天狗界나 선인계仙人界의 거주민일 경우, 이 심경이 단순한 알아맞히기나 영현상靈現象을 초래하는 초보적인 신통력으로 나타나는 일이 있습니다. 역시 사랑과 깨달음에 대해 심경을 깊게 해가는 것이 중요합니다. 교학敎學도 결코 경시해서는 안됩니다.

아라한의 단계에서 전락해 가는 이유는 또 하나 있습니다. 아라한이란 예를 들어 금속의 경우로 말하면, 표면의 녹을 벗겨내어 반짝반짝 빛나기 시작한 단계라고 할 수 있습니다. 다시 말하면 녹을 방지하기 위한 도료(방수제)를 바르지 않았기 때문에 마음을 연마하는 일을 잠시 잊으면 곧 녹이 슬어 버리는 것입니다. 그러므로 마음이 녹슬고 있음에도 불구하고 그것을 알아차리지 못하고 자신을 '위대한 선생'이라고 생각하여 다 깨달은 줄 알고 있으면 큰일납니다.

마음이 반짝반짝 빛나고 있을 때에는 마음의 표면도 매끈매끈 하기 때문에 비록 어떠한 악상념이 다가와도 그것을 물리칠만한 힘이 있습니다. 그런데 마음이 녹슬게 되면 표면도 꺼칠꺼칠 매끄럽지 않기 때문에 온갖 것들이 걸려들게 됩니다.

그리하여 이 꺼칠꺼칠한 곳에 하켄을 박고, 자일(밧줄)을 드리우는 자가 있으니, 바로 지옥의 악마입니다. 지옥의 밑바닥까지 드리워진 자일을 의지하여, 암흑계의 갖가지 생물들이 기어 올라옵니다. 그것이 망자亡者이기도 하거나 동물령이기도 하거나 사탄이기도 합니다.

그러므로 이와 같이, 모처럼 아라한의 경지에 도달한 종교지도자 가운데에는 마음에 마魔의 침입을 허용하고 마는 사람이 나타납니다. 그리하여 세상 사람들을 현혹시키고 혼란시켜 갑니다. 여기에 가장 위험한 함정이 있습니다.

그래서 중요한 것은 마음이 녹슬지 않도록 평소부터 녹을 잘 벗겨두는 일입니다. 반짝반짝하게 잘 닦아두는 일입니다. 이것이 중요합니다. 마음에 녹이라는 요철을 만들어두면 언제 어느 때 악마가 자일이 달린 하켄을 박고 들어올지 모릅니다.

그 악마를 떼어내려고 기를 쓰고 있어도, 이번에는 등 뒤에 하켄이 박히고 맙니다. 그렇게 되면 어찌할 도리가 없습니다. 단순한 제령除靈이나 악마를 내쫓는 의식儀式 정도로는 진정으로 구제받지 못하는 것입니다. 요컨대 마음의 녹을 벗겨내지 않는 한, 자꾸 쫓아내도 악마들이 숨어 들어오기 때문입니다.

제4장 깨달음의 극치

마음을 빛나게 해야 합니다. 그렇기 때문에 바로 마음을 닦는 일이 중요한 것입니다. 또한 가능하면 마음에 방부제나 녹을 방지하는 도료를 발라 두어야 합니다. 이 녹을 방지하는 도료야말로 한층 더 높은 깨달음으로 이어지기 때문입니다.

아라한보다 한층 더 높은 깨달음의 경지를 '여심如心'이라고 합니다. 여심이란 자신의 수호령 이상의 영역을 가진 고급령계의 지도를 받을 수 있게 되는 단계, 즉, 지도령과 영적 교류를 할 수 있는 단계입니다. 이 지도령이란 7차원 보살 이상의 고급령들입니다. 이 경지는 거의 불퇴전不退轉의 심경입니다. 그러므로 어지간한 일이 아닌 한 마계魔界의 자들에게 유린되는 일은 없습니다. 왜냐하면 뭇 여래, 뭇 보살의 지도를 받게 되면 빛이 강해져서 마가 접근할 수 없기 때문입니다.

이 여심의 단계가 되면 마음은 언제나 겸허하여 뽐내지 않으며, 타인에 대한 봉사, 즉, 어떻게 하면 세상에 도움이 될 수 있을까, 어떻게 하면 헤매는 사람들을 구제할 수 있을까 하는 것이, 나날이 마음에 오가는 생각의 중심이 되어 갑니다. 아라한의 경지로부터 전락하는 원인의 대부분은 증상만增上慢입니다만, 이 불퇴전인 여심의 단계에 이르면 이기주의, 자기 중심은 모습을 감추기에 마음은 항상 평정합니다. 올바르게 염念하고 올바르게 정定에 든다는 것이 정말로 가능해지는 것도 이 여심의 단계부터라고 할 수 있습니다.

여심에는 또 한 가지 면이 있습니다. 즉, 관자재觀自在에 가까워 지게 되면 그 자리에 있으면서도 몇백 킬로미터나 떨어져 있는 사람의 일을 손바닥 보듯 훤히 알 수 있다는 것입니다. 예를 들면, 어떤 사람의 이름을 보기만 해도, 비록 지구 뒤편에 있는 사람이라 할지라도, 그 사람의 현재의 심경, 고뇌, 빙의령憑依靈, 전세前世, 전전세前前世, 전전전세, 미래세까지를 한순간에 알게 됩니다. 그러나 선인적仙人的인 천리안에 빠지지 않도록 늘 사랑을 깊게 하고, 지知를 연마하는 것을 게을리 해서는 안됩니다.

05

관자재

　여심은 영계의 비의^{秘義}에 정통한 보살의 심경이라고 해도 좋을 것입니다. 그것은 여래계에도 통하는 것이 있습니다. 여심에도 역시 단계가 있습니다만, 보통 아라한 위의 여심이라고 하면 보살의 경지를 의미합니다. 이것은 특별히 지상계에서 깨달음을 얻은 사람만 가리키는 말이 아닙니다. 저 세상, 즉, 실재계에 대해서도 똑같이 말할 수 있습니다.

　다만, 저 세상의 영이니까 뭐든지 다 알 수 있는가 하면, 결코 그렇지는 않습니다. 역시 그 영의 인식의 높이, 깨달음의 높이에 따라 이해할 수 있거나 파악할 수 있는 범위는 달라집니다. 그 전형적인 예는 '예지^{豫知}'입니다. 4차원 이후의 실재계 영들은 정도의 차이야 있습니다만, 누구나 다 장래 일어날 일, 즉, 미래의 사건에 관해 어느 정도 예지할 수가 있습니다. 다만, 그것이 지상의

3차원 인간에 대해 행해지면 가끔 문제가 됩니다. 그 이유는 시간적으로, 혹은 장소적으로 빗나가는 일이 있기 때문입니다.

좀 더 자세히 설명하면 그 이유는 두 가지가 있습니다. 첫 번째는 장차 일어날 일에도 확정적인 사건과 유동적인 사건이 있기 때문입니다. 확정적인 사건이란 고급령계에서 결정이 끝난 일로서, 이것은 어지간한 일이 없는 한 번복할 수가 없습니다. 그러나 유동적인 사건이란 '이대로 가면 이렇게 될 것'이라는 예측적인 단계에 지나지 않습니다. 그러므로 이것은 지상 사람의 노력이나 수호령, 지도령들의 노력에 의하여 변경할 수가 있습니다. 결국은 천상계의 영의 예언도 빗나가는 일이 있다는 것이 됩니다.

두 번째 이유는 천상계 뭇 영의 의식 단계의 차이와 능숙하거나 서투른 분야에 따라 예언의 정확도에 정도의 차이가 생기기 때문입니다. 일반적으로 말하면, 영격이 높으면 높을수록 예지가 잘 맞는 것은 물론입니다. 예지를 전문 직업으로 삼는 영도 있을 정도여서 역시 전문가 쪽이 맞을 확률이 높다고 할 수 있습니다.

그러면 여기서 여심의 단계 위에 있는 관자재觀自在라는 깨달음의 경지에 대해 설명하기로 하겠습니다.

반야심경이라는 불경의 맨 처음에 '관자재보살 행심반야바라밀다시行深般若波羅蜜多時'라는 문구가 있습니다. 이것을 그대로 번역하면 '관자재보살의 수행 경지가 매우 깊어져서 내적內的인 잠재의식의 보고寶庫를 열게 되셨을 때'라는 의미입니다. 관자재보살이란 사람의 이름이 아닙니다. 수행이 진척되어 관자재가 된 보살의 경지를 의미합니다.

보살이란 일단 자기 만들기라는 '소승小乘'의 단계를 통과하여 '대승大乘', 즉, 중생제도衆生濟度에 나서서 사람들을 구제하려는 마음이 되어 있는 혼의 단계입니다. 그렇다고는 하지만 이 보살의 경지에 이르러도 아직 인간적인 고뇌, 괴로움이 있어서 늘 신통력(법력法力)을 발휘할 수 있을 만한 상태는 아닙니다. 그러나 보살의 심경이 향상되어, 보살계 상상단계上上段階의 깨달음, 즉, 범천梵天의 경지가 되면 웬만한 병이나 사건, 인간관계에서 생긴 일에 관계없이 안정된 신통력을 발휘할 수가 있게 되어 갑니다. 즉, 관자재보살이란 범천의 경지이며, 실재계에서는 보살계와 여래계의 중간, 7차원이라고도 8차원이라고도 할 수 있는 영역靈域에 도달한 혼을 말하는 것입니다.

관자재보살은 인도의 석가의 시대에는 아봐로키타스봐라 Avalokitesvara(산스크리트 어에서는 아봐로키테슈봐라)라고 불리었습니다. 관세음보살과 동의어입니다. 아직 충분하다고는 할 수 없습니다만 육대신통력六大神通力을 전부 갖추게 된 단계입니다. 육대신통력이란 천안天眼, 천이天耳, 타심他心, 숙명宿命, 신족神足, 누진漏盡의 여섯 가지입니다. 여기서 그 각각에 대해 설명하기로 하겠습니다.

'천안'이란 소위 영시능력靈視能力을 말합니다. 살아 있는 인간의 오라aura[32]와 빙의령憑依靈은 물론이고, 저 세상의 세계, 실재계까지를 투시하는 힘이 있습니다.

'천이'란 저 세상 영들의 목소리를 들을 수 있는 능력입니다. 영언능력靈言能力 등도 이에 해당합니다.

'타심'이란 이른바 독심讀心을 말합니다. 마인드 리딩mind reading, 즉, 사람의 마음을 손바닥 보듯이 이해할 수 있는 능력입니다.

'숙명'이란 단지 자신의 장래를 알 수 있을 뿐만이 아니라, 그 사람의 상념대想念帶를 읽어 들이면 타인의 운명, 숙명을 손바닥 보듯 알 수 있는 능력입니다. 물론 과거세의 일까지 알게 됩니다.

'신족'이란 소위 유체이탈幽體離脫을 말하며, 육체를 지상에 둔 채 영계를 견문하거나 텔레포테이션teleportation하는 능력을 말합니다.

'누진'이란 '마음이 바라는 바에 따르되, 규범을 벗어나지 않는다'고 갈파한 공자의 경지로, 욕망에 흔들리지 않고 그것을 자유로이 초월하는 능력입니다. 비록 영능력을 가졌다 할지라도 정

성껏 마음의 녹 벗기기를 계속할 수 있는 정진精進능력입니다.주12)

관자재보살이란 이상에 든 육대신통력을 어떤 형태로든 몸에 익힌 상태의 사람을 말합니다. 동시에 많은 사람들의 마음을 읽거나, 원격지에 있는 사람의 마음을 손바닥 보듯 알 수 있는 '여심'보다도 한 층 더 높은 심경이라고 할 수 있습니다.

---

32) 오라 : 살아있는 인간의 몸에서 방사되고 있는 영적인 빛, 영기靈氣. 영적인 눈이 뜨인 사람(천안을 가진 사람)은 이것을 볼 수 있다. 그 색깔에 따라 건강상태·영격 등을 알 수 있다고 한다.

주12) 누진 : '누漏'란 번뇌를 의미하는 명사로 '유루有漏'(마음의 더러움이 남아 있는 상태), '무루無漏'(마음의 더러움이 모두 멸진된 상태)라는 식으로 사용되며, '누진통력漏盡通力'이란 번뇌를 멸진하는 능력이라고 이해되고 있다. 다만, 번뇌를 멸진하려면 나날의 반성행反省行이 필요하므로, 영능력이라기보다는 고도의 지혜의 힘이라고 할 수 있다. 또한 이것은 고도의 영능력을 가지면서도 그것을 드러내지 않고 보통 사람들과 똑같은 생활을 할 수 있다는 의미로 이전에 해설한 바가 있다.

일즉다, 다즉일

　인간의 수행으로서는 '정사, 정정진, 정념, 정정'이 최대한 깊어진 단계, 사랑의 발전단계로 말하면 존재의 사랑의 단계에 이르렀을 때의 '깨달음'에 대한 이야기를 하고자 합니다. 즉, 본 절에서는 여래계의 깨달음 그 자체를 언급할 작정입니다.
　보살의 경지까지는 혼에 대한 인식이라고 해도 어느 정도 인간으로서의 모습, 형태에 사로잡혀 있습니다. 영이란 원래 형태 없는 에너지체energy體이며 모습 없는 지성입니다. 그러나 오랜 세월에 걸친 전생윤회의 과정에서 인간으로서 헤아릴 수 없이 여러 번 되풀이하여 태어났기 때문에 인간적인 형태를 한 혼의 모습에 얽매이는 영도 많아, 기능적으로는 본래의 자유자재로운 모습을 잃은 상태라고 할 수 있습니다.
　즉, 7차원 보살계에서는 아직 인간으로서의 모습을 취하여 저 세상에서도 수행을 하고 있습니다. 인간에게는 손이 두 개, 발이 두 개, 입은 옷도 있고 머리모양도 있으며 이목구비도 있습니다. 이런 식으로밖에 자기 자신을 인식할 수 없는 단계에 있는 것이 대부분의 보살입니다. 인간의 모습과 형태를 가지고 있지 않으면 역시 저 세상에서도 마음이 안정되지 않은가 봅니다. 그러므로 그들은 덕성德性이 높고 지도력도 대단히 높은 분들입니다만, 그 힘에는 아무래도 인간적인 영력靈力의 한계가 있는 것입니다.

그러나 8차원 여래계에 들어가면 사정이 약간 달라집니다. 여래계의 사람들은 자신들이 인체의 형태를 한 영혼이 아니라는 것을 알고 있습니다. 그것은 오랜 전생轉生의 과정에서 인체에 깃들었다는 기억에 지나지 않습니다. 또한 여래들은 '영이란 지성을 가진 에너지체이며, 모습과 형태가 없는 빛의 다발'이라는 것을 지식적으로 알고 있을 뿐만이 아니라 생활 속에서 실감나게 알고 있습니다.

예를 들면, 지상생활을 하는 영능력자靈能力者가 육체를 이탈하여 혼으로서 8차원 여래계에 올 수 있었다고 할 때, 거기에서 그는 무엇을 볼 수 있겠습니까? 8차원 여래들은 지상 사람에 대해서는 그 지상 사람이 알기 쉽게끔 그들이 생전에 지상에서 생활할 때의 모습으로 나타납니다. 그리하여 그를 자신의 거처로 데리고 가서 커피를 권하기도 하고 포도주를 권하기도 합니다. 이 커피나 포도주는 아주 맛이 좋아서 지상에서는 생각조차 할 수 없는 감미로운 향기가 납니다. 그래서 지상에서 온 영능력자는 다음과 같이 보고합니다.

'8차원 여래계는 정말 멋진 세계입니다. 살고 있는 사람들은 모두 숭고합니다. 도로에는 온통 루비가 깔려 있고, 건물 도처에는 다이아몬드가 아로새겨져 있습니다. 마실 것은 지상계에는 있을 것 같지도 않을 그윽한 향기로 가득하고, 테이블은 또한 찬란히 빛나는 근사한 대리석입니다. 더구나 방의 네 귀퉁이를 지탱하는 기둥은 멋지다고밖에 표현할 길이 없는 수정입니다.'

근대 유럽의 영능력자로서 명성을 떨친 '스웨덴보르그Swedenborg'라는 사람도 이러한 종류의 보고를 하였을 것입니다. 그러나 이것은 아직 그 사람의 영적 인식능력이 부족함을 나타내며, 눈을 좀 더 집중하여 풍경을 응시하면, 보석으로 화려하게 꾸며진 건물도 도로도 흔적 없이 사라지고, 단지 여래계 사람만이 빙긋이 웃으며 서 있을 뿐입니다. 나아가 한층 더 영안靈眼을 집중해 가면 그 여래계 사람의 모습도 사라지고 그 자리에는 거대한 빛의 덩어리가 있을 뿐입니다. 즉, 루비라든지 다이아몬드라든지 하는 보석은 지상에서 온 사람에 대한 서비스를 겸해 3차원적으로 번역한 세계를 보여 주었을 뿐입니다.

이와 같이 여래계 사람의 깨달음은 형태가 없는 실체로서 자기 인식을 할 수 있는 단계에까지 와 있습니다. 때문에 지상에 살고 있는 인간으로, 만약 여래로서의 깨달음을 얻은 사람이 있다고 한다면, 여래계의 법칙을 알아차리고 있을 터입니다.

여래계의 법칙이란 '일즉다―卽多, 다즉일多卽―'의 법칙입니다. 즉, 이 세계에서는 숫자로 말하는 '하나'라는 것이 객관적 인식으로서는 없습니다. 그러므로 '하나'인가 하고 생각하면 그것이 '열'이나 '만'입니다. '천'인가 하면 '하나'이기도 합니다. 객관적 사실이 아니라 절대적인 존재, 즉, 의식작용의 숫자만큼이나 되는 수가 존재하며, 그것을 통일하는 의식체만이 그 실태를 알고 있습니다.

좀 더 알기 쉽게 설명하겠습니다. 예를 들면, 한 사람의 여래가 해야 할 일이 열 가지가 있으면 10명이 되어 나타나고, 1만이나 일이 있으면, 1만 명이 되어 나타난다는 것입니다. 그러나 비록 1만 명으로 갈라져 나와도 그것을 1명으로 인식하는 통일된 의식이 있다는 것이기도 합니다.

근년에 일본에 태어난 '교토학파京都學派'의 철학자인 니시다 키타로西田幾多郎33)라는 분은 철학적 연구를 한 결과, 이러한 여래의 법칙에 대해 알아차리고 있었던 것 같습니다. 물론 그 자신이 원래 여래계의 인간이기 때문에 그 자신의 잠재의식이 그와 같은 세계가 있다는 것을 가르치고 있었다고도 할 수 있습니다.

이 8차원 여래계에서는 절대모순적絕對矛盾的 자기동일自己同一이라는 것이 가능한 세계입니다. 시각적으로는 따로 떨어져 서로 모순된 것처럼 보이는 것이 직각적直覺的 통일統一로 하나가 되는 세계, 그것이 여래계입니다. 철학자 니시다 키타로는 생전에 이 여래계의 깨달음을 아무래도 부분적으로 얻었다고 할 수 있습니다.

---

33) 니시다 키타로 : 1870~1945년. 철학자. 교토대학京都大學 교수. 서양철학의 전통과 대결하면서 선禪 등의 동양사상을 통합, 이것을 '장소', '절대무絕對無', '절대모순적 자기동일自己同一' 등의 이론으로 표현하는 종교적 색채가 강한 사변철학을 설하였다. 저서 ≪선善의 연구≫, ≪사색과 체험≫ 등.

태양계의 깨달음

여래계의 깨달음이란 인체적人體的인 인간감각을 초월한 '일즉다, 다즉일'의 깨달음으로, 영靈이란 부처의 분광分光이며, 형태가 없는 에너지체이며, 모습이 없는 지성이라는 것을 오득悟得하는 것입니다. 그리고 살아 있는 인간의 깨달음으로 이 경지는 거의 한계에 가까운 경지라고 할 수 있습니다. 지구영단의 영계 인구는 수백억 명이 있습니다만, 8차원 여래계 사람이 되면 불과 500명이 채 못 됩니다. 이 사실을 보아도 여래의 깨달음이란 것이 얼마나 엄격하고 어려운지 알 수 있을 것입니다.

여래의 깨달음이란 선악이원善惡二元을 초월한 통일, 지양止揚의 단계에 들어간 깨달음입니다. 그러므로 단순한 인간수행으로 스스로를 연마하는 것만으로는 불충분하며, 장대한 우주드라마와 우주법칙을 이해하고 체득할 만한 명석한 이성理性과 투철한 오성悟性이 필요합니다.

일찍이 일본에 태어난 8차원 여래계 사람으로는 어떠한 사람이 있습니까? 신대神代의 시대34)는 그렇다 치고 '타이카의 개신大化改新35)' 무렵의 쇼토쿠 태자聖德太子36)가 그렇습니다. 헤이안 시대平安時代37)의 승려 쿠카이空海, 쇼와기昭和期38)에 들어와서는 앞서 니시다 키타로 등이 그렇습니다. 여기에 든 사람 외에도 아직 몇 명이 더 있습니다.

이 8차원 여래계에는 500명이 조금 덜 되는 여래가 있는 셈입니다만, 그 중에서 다시 대략 네 단계 정도로 나뉘어 있습니다. 맨 아래 단계가 범천계梵天界라고 불리는 경지의 상위부분으로, 여기에는 약 40명 정도의 여래가 있습니다. 그 위가 아신령계亞神靈界라고 불리는 부분으로 약 120명, 그보다 더 위가 광신령계光神靈界라고 불리는 부분으로 약 280명, 그리고 8차원 여래계의 최상 단계가 좁은 의미의 태양계太陽界입니다. 넓은 의미의 태양계라고 하면 9차원 우주계까지도 포함됩니다만, 좁은 의미의 태양계에는 9차원과 8차원의 중간 단계에 약 20명 정도의 대여래가 있습니다.

이 태양계에 있는 대여래란 어떠한 분들이겠습니까? 일본신도계日本神道系에서는 아메노미나카누시노카미天御中主神 주13) 39), 아메노토코타치노카미天常立神40), 카무무스히노카미神産巣日神41)의 삼신三神이 있습니다. 기독교계에서는 아우구스티누스Aurelius Augustinus

제4장 깨달음의 극치 **191**

와 토마스 아퀴나스Thomas Aquinas, 도교道敎의 노자老子, 장자莊子, 묵교墨敎의 묵자墨子도 이 태양계의 거주민입니다. 고대 그리스신화의 아폴론, 그리스철학의 소크라테스, 플라톤도 이곳의 거주민입니다. 불교계에서는 아촉여래阿閦如來42), 약사여래藥師如來43) 등이 있습니다. 회교의 마호메트는 태양계보다 한 단계 아래인 광신령계에 있는 것 같습니다.

그러면 태양계에 있는 이러한 분들에게 공통되는 '태양계의 깨달음'이란 어떠한 것이겠습니까?

그것은 한마디로 표현하면 이미 인간으로서의 깨달음이 아니라는 것입니다. 즉, 개인이 노력하여 깨달을 수 있는 경지가 아니라 그들에게는 신격神格이 주어져 있다는 것입니다.

이 태양계 부근부터는 인간적인 수행으로 깨닫는 단계라고는 할 수 없으며, 대령大靈의 동료로서 끼게 됩니다. 대부분의 종교에서는 근본신이 될 수 있을만한 분들입니다.

그들의 깨달음이 이미 인간적인 깨달음이 아니라고 할 수 있는 근거는 어디에 있는가? 즉, 지구 인류의 진화계획에 직접 관여하고 있다는 것입니다. 9차원 우주계의 사람들을 도우면서 구체적으로 지구상의 문명의 개화라든지 종교의 혁신이라든지 새로운 시대의 움직임 등을 계획, 입안, 수행遂行하고 있는 것은 주로 이 태양계 분들입니다.

34) 신대의 시대 : '카미요神代의 시대'라고도 함. 일본에서 역사가 시작되기 전의 신화로 전해지는 시대를 말함. 신화의 시대.

35) 타이카의 개신 : '소가노 에미시蘇我蝦夷'라는 자가 전제적專制的인 권력을 휘둘러 천황가天皇家에 대항, 그 아들 '소가노 이루카蘇我入鹿'를 대신大臣으로서 앉히나, 645년(일본 연호로 다이카大化 1년째), 천황가의 아들(황자皇子라고 함)에 의하여 '소가노' 부자父子가 타도되어, 고대 정치사상政治史上의 일대 변혁이 일어난 것을 말함. '소가노' 부자를 타도한 황자는 다른 사람을 천황으로 즉위시키고, 스스로는 황태자로서 실권을 쥐었다. 이듬해 그는 조세・호적 등의 개편을 통해 중앙집권적 지배의 실현으로 향하였다.

36) 쇼토쿠 태자 : 574~622년. 수隋나라와 국교를 열고, 널리 학문에 통달하였으며, 불교에 깊이 귀의하였다. 아들이 '소가노 이루카蘇我入鹿'라는 천황가天皇家와 세력다툼을 하던 자에 의하여 살해당하였으나, 이 자도 645년에 천황가에 의하여 암살당하고, 그때 그 아버지인 '소가 에미시蘇我蝦夷'도 자택에 불을 질러 자살하였다고 한다.

37) 헤이안 시대 : 일본사日本史의 한 구분. 794년에 현재의 교토京都 시가지에 헤이안쿄平安京라는 도성都城이 천도遷都되고 난 뒤부터, 1192년에 카마쿠라 막부鎌倉幕府가 성립할 때까지의 약 400년간을 말한다.

38) 쇼와기 : '쇼와 시대'라고도 함. 쇼와 천황昭和天皇의 대代. 1926년 12월 25일~1989년 1월 7일까지.

39) 아메노미나카누시노카미 : 천지개벽시 다카마가하라高天原(일본신도계의 천상계로서 수많은 신들이 있다고 함)에 나타난 조화造化 3신 중의 하나.

40) 아메노토코타치노카미 : 일본 신도계에서 천공天空의 항구성恒久性을 의미하는 신.

41) 카무무스히노카미 : 생성력生成力의 신 또는 그 신격화神格化.

42) 아촉여래 : 여래의 이름. 불교계에서는, 선쾌善快・환희・묘락妙樂의 국토인 '아비라제阿毘羅提'의 나라에서 설법하는 부처로 알려져 있다.

43) 약사여래 : 약사유리광여래藥師琉璃光如來 또는 약사藥師라고 함. 불교에서는 이 세상의 중생의 질병을 치료, 재화災禍를 소멸, 의복・음식 등을 만족하게 하고 또 부처의 행行을 닦아 무상보리無上菩提의 묘과妙果를 증대시킨다고 서원한 부처로 알려져 있다.

제4장 깨달음의 극치 193

형상은 큰 연꽃 위에 있으면서 왼손에 약병을 들고 오른손으로 시무외인施無畏印(팔을 들고 다섯 손가락을 펴서 손바닥을 밖으로 향하여 물건을 주는 모양을 한 인상)을 맺었거나 또는 오른손을 들고 왼손을 내리는 등의 여러 종류가 있다.

주13) 아메노미나카누시노카미

지금까지는 '天之御中主之神아메노미나카누시노카미'라고 표기하였지만, 이제부터 일본의 전통적인 표기로 바꾼다. 고사기古事記 신화에서는 신들의 세계를 통괄하는 우주 최고신이며, 근본신이라고 되어 있다. 그러나 나의 영계탐구 결과, 지금으로부터 3천년 정도 전의 옛날, 일본 큐슈九州 땅에 강림하였던 실재하는 신인神人이 다카마가하라高天原에 존재함을 알았다. 일찍이 천황가天皇家의 선조로서 육체를 가졌던 이 신령이, 일본 신도계日本神道系 신들의 우두머리이다.

히에다노 아레裨田阿禮의 영능력靈能力과 오노 야스마로太安麻呂의 필록筆錄에 의하여 기원 8세기 초두에 성립된 고사기古事記에 바탕을 두고 천지창조와 우주의 근본신에 대한 진상을 해명할 수 있다고 생각하는 쪽이 무리이며, 일찍이 일본 땅에 육체를 가졌던 위대한 인물에 대한 전승傳承이 고사기와 일본서기日本書記에 기록되어 있다고 추정하는 것이 이치에 맞는다. 참고로, 아마테라스오미카미天照大神도, 그 베틀 짜기 전승機織傳承의 구체적인 예를 보아도 알 수 있는 것처럼 추상적인 태양신이 아니라 최고의 신분으로 태어난 고대 일본인 여성이 귀천歸天 후에 일본 신도계에서는 한층 더 격이 높은 여성지도령으로서 숭배되고 있는 것이다.

석가의 깨달음(1)-대오

    9차원 우주계의 깨달음에 들어가기 전에, 2천 수백 년 전 인도에서 고타마 싯다르타, 즉, 석존이 얻은 깨달음에 대해 먼저 이야기 하겠습니다.

    석가는 29세에 출가합니다. 그로부터 6년 간의 난행難行과 고행 끝에 고행을 버리고 보리수 아래에서 깨달음을 얻은 것은 35세 때의 일입니다. 그는 약 일주일에 걸친 선정禪定 후의 어느 날 밤, 한밤중인 1시경부터 깊은 정定에 들어갑니다. 그리하여 그때 얻은 깨달음이 다음과 같은 것이었습니다.

    "나는 오랜 세월에 걸쳐 먹을 것도 제대로 먹지 못하고 마실 것도 제대로 마시지 못하여 육체를 극한까지 학대하였을 때, 정신적인 비약을 얻을 수 있고, 깨달을 수 있다고 생각하여 고행을 해

왔다.

 아내 야쇼다라와 아들 라훌라를 버리고, 부왕父王 숫도다나의 후계자가 되어 주기를 바라는 마음도 뿌리치고, 카필라바스투를 빠져 나온 이래로 이미 6년의 세월이 흘렀다. 카필라바스투에 있었을 적의 나는 근육은 우람하고 문무양도에 뛰어났었지만, 지금의 내 모습은 어떠한가? 갈비뼈는 튀어나오고 눈은 움푹 들어가고 육체는 해골과 같다.

 만약 육체를 괴롭히는 것이 인생의 수행이라면 인간이 육체에 깃들여서 태어나는 것 자체가 잘못이 아닌가? 만약 본불本佛 주14) 이 우리의 육체를 부정하기를 바라고 있다면 자살하는 사람들이야말로 최고의 각자覺者라고 할 수 있을 것이다.

 그러나 자살에 의하여 얻어지는 결과는 무엇이겠는가? 대우주의 법칙은 원인과 결과의 연쇄 속에 있으므로 나쁜 씨앗을 뿌리면 나쁜 열매를 거두어들여야 하는 것은 분명하다. 자살에 의하여 괴로움이라는 새로운 원인을 만들면, 저 세상의 지옥계에서도 몸부림칠만한 괴로움이 기다리고 있을 것이 틀림없다. 자기 자신의 육체를 괴롭히는 난행과 고행은 완만한 자살행위 그 자체가 아닌가?

 부처의 경지가 평온한 경지라면 고행 속에 평온은 없다. 고행 속에 깨달음의 인因은 없다. 6년 동안 수행한 결과, 내가 얻은 것은 사람 눈을 놀라게 할 만한 추악한 몰골과 안광이 날카로워 사람을 쏘는 것 같은 눈빛뿐이다. 고행에 의하여 얻어지는 것은 엄격함뿐이며, 타인을 향한 화살과 같은 엄한 시선은 그 어디에도 사랑과 자비의 편린片鱗조차 보이지 않는다.

내 자신의 마음이 편안하지 않고서, 내 자신의 마음속에 행복감이 없이, 도대체 어떻게 타인에 대해 참으로 상냥하게 하고 참으로 배려할 수가 있겠는가?

그러나 나 자신의 행복감이란 대체 무엇인가? 카필라바스투에 있었을 무렵, 왕자로서 모든 사람들로부터 애지중지 사랑받고, 돈도 여성도 물질도 그 모든 것이 부족함이 없었을 때 과연 내 마음속에는 행복감이 있었던가?

거기에 있었던 것은 나태한 나른함뿐이며, 나의 마음은 늘 굶주리고 목말랐었다. 많은 사람들의 생각만이 이것저것 뒤섞여 들어와 나의 마음은 늘 갈등 속에서 흔들렸다. 언젠가 반드시 왕이 될 자신의 처지. 그때는 카필라바스투의 사람들을 이끌고 이웃 나라와도 싸워, 그 결과 많은 사람들의 피가 흐르게 될 것이다.

이 세상의 지위나 명예를 구한다고 해도 거기에 있는 것은 허무함뿐이다. 카필라바스투에서의 나날은 나에게 결코 행복한 시간은 아니었다. 정신적으로 충족되지 않고 불안과 초조함만이 더해 갔다. 정체와 타성 속에 인간의 행복은 없다. 인간의 행복은 나날이 정신적으로 진보하는 가운데에 있다. 이 세상적인 입신출세가 아니다. 본불의 마음에 들어맞는 자기 자신의 영성靈性과 불성佛性의 향상 속에 본불의 자녀로 태어난 인간의 진정한 행복이 있는 것이다.

본불의 자녀인 인간으로서의 진정한 깨달음, 진정한 행복은 우아한 왕궁의 생활 속에는 없고 극단적인 난행과 고행 속에도 없다. 극단적으로 육체를 즐겁게 하는 생활 속에도, 극단적으로 육체를 학대하는 생활 속에도, 진정한 깨달음, 진정한 행복, 진정한 마음의 평온함은 있지를 않다.

진정한 인간의 삶의 모습은 좌우의 양극단兩極端을 버리고 중도中道 속에서 진리를 발견해 가는 삶의 모습이다. 인간으로서 균형이 잡힌 삶의 모습 가운데에야말로 중도가 있으며, 거기에야말로 고락苦樂을 떠난 대조화大調和의 세계가 현출現出하는 것이다.

인간이 진정 목표로 하는 생활은 대조화의 세계이며, 모든 사람이 고락의 양극단을 버리고 중도에 들어 올바르게 보고, 올바르게 생각하고, 올바르게 말하고, 올바르게 행위를 하고, 올바르게 생활을 하고, 올바르게 정진하고, 올바르게 염하고, 올바르게 정에 드는 팔정도를 실천함으로써 진정한 마음의 왕국이 만들어지고 진정한 불국토가 만들어지는 것이다.

그리고 인간의 진정한 행복이란 나날의 정신적인 기쁨 속에 있고, 나날의 정신적인 향상 속에 있으며, 팔정도의 오의奧義를 터득해 가는 도중에야말로 행복감은 높아져 가는 것이다."

주14) 본불 : 주 엘 칸타아레를 말함. 여기서는 석가모니불釋迦牟尼佛의 혼의 어버이를 의미한다.

석가의 깨달음(2)-입적

앞 절에서 나는 여러분에게 석가가 35세에 대오(大悟)하였을 때의 심경을 전해 드렸습니다. 석가가 2천5백 년 전에 깨달은 내용이 그대로 흐르듯 움직여서 펜글씨가 되어, 나의 눈앞에 펼쳐져 갑니다. 아마 석가가 깨달은 내용을 전부 다 전하려고만 해도 한 권의 책이 될 것입니다.

그래서 도중 45년 동안의 설법내용은 빼고 석가가 입적(入寂)할 때, 즉, 석가가 여든 살이었을 때의 깨달음과 심경을 그 자신의 내심의 목소리를 문자로 전하기로 하였습니다.

쿠시나가라의 사라쌍수 나무 아래에서 오른쪽 배를 아래로 하고, 오른팔을 머리 밑에 베고, 왼손을 병든 복부에 댄 채 열반에 드는 동안에 다음과 같은 생각을 하고 있었던 것입니다.

"나는 서른다섯 살에 깨달음을 얻은 이래 45년 동안 선善을 탐구하고, 정리正理란 무엇인가를 설해 왔다. 그러나 그러한 나에게도 마침내 육체를 떠나야 할 때가 온 것 같구나. 나의 늙어빠진 육체여, 모든 것은 무상無常한 것이로다. 나에게는 이미 너에 대한 집착은 아무 것도 남아 있지 않다. 실로 사십수 년 동안 사람들에게 부처의 길을 설하고, 인간으로서 살아야 할 길을 보일 수가 있었던 그 '법法'이야말로 내 자신의 진정한 몸인 것이다.

또 나의 제자들이여, 오랜 세월 정말로 잘해 주었다. 나의 신변에 대한 시중부터 법의 전도에 이르기까지 실로 잘해 주었다. 너희 덕분에 석가교단은 5천 명이 넘는 출가제자를 가진 큰 교단이 되었다. 또 나의 가르침을 신봉하는 자는 인도 전체에 대체 몇 십만 명이나 되는지 헤아릴 수 없다. 이 모든 것이 다 너희가 법난法難과 싸우고, 법적法敵의 눈을 피해가며 불법佛法 전도를 계속해 주었기 때문이다. 너희가 없었으면 이 법이 퍼지지 못했으리라. 앞으로도 게을리 말고 힘써 노력하여라.

지난 해에 세상을 떠난 사리불舍利佛(사리푸트라)이여. 이제 곧 그쪽 세계로 돌아갈 터이니 너와도 만나겠구나. 오랜만에 다시금 무릎을 맞대고 얘기를 나눠 보자꾸나. 너도 정말 잘해 주었다. 너는 지혜제일智慧第一이라고 말해질 정도라서 듣는 역할을 잘해 주었기 때문에 나도 참으로 설법하기가 쉬웠다. 너는 때때로 어리석은 질문을 해서 나로 하여금 쓴웃음을 짓게 하였지만, 너의 질문 덕분에 나에게 직접 질문할 용기조차 없었던 중생이 대체 얼마나 감사를 하였던가?

또 대목련大目連 (마하마우드가리야야나)여, 신통제일神通第一인 네가 사교도邪敎徒의 습격을 받아 목숨을 잃었다고 들었을 때에는, 아무리 너에게는 인욕忍辱의 수행이라고는 해도 나는 눈물을 금할 수가 없었다. 그러한 너도 빛나는 구름을 타고 이제 나를 맞으러 와준 것 같구나.

마하가전연摩訶迦旃延 (마하카티아야나)이여, 논의제일論議第一인 너는 나의 설법을 알기 쉽게 잘 설명할 수 있었지. 내가 이 세상에 없게 된 뒤에도 변경邊境44)에 불법의 씨앗을 계속 뿌려 가겠지. 아반티국Avanti國을 중심으로 서인도에 전도하도록 하라.

수보리須菩提 (수부티)여, 해공제일解空第一이니 만큼 너는 언제나 물질에 사로잡히지 않고, 내가 설법하였던 무아無我나 공空의 가르침을 잘 이해하였다. 앞으로도 꾸준히 정진하여라.

아나율阿那律 (아누룻다)이여, 언젠가는 네가 나의 설법 중에 졸았기에 내가 여느 때와 달리 엄하게 꾸짖었던 바, 너는 밤에도 자지 않고 좌선을 계속해 마침내 실명해 버렸구나. 다행히 영안靈眼이 열려 천안제일天眼第一이 됐지만, 너무나도 젊고 순수하였던 너에게도 흰머리가 눈에 띄게 되었구나.

부루나미다라니자富樓那彌多羅尼子 (푸르나마이트라야니푸트라이)여, 석가족 출신인 너는 뛰어난 수재여서 설법제일說法第一이라는 말이 잘 어울렸다. 서방전도의 여행길에 오를 예정인 또 한 사람의 부루나富樓那 (푸르나)와 너는 좋은 라이벌이 되겠지.

마하가섭摩訶迦葉 (마하카사파)이여, 너는 나의 열반을 보지 못하고 일주일 늦게 이 쿠시나가라에 도착할 것이다. 너는 아난阿難 (아난다)이 부주의로 나에게 독버섯요리를 먹여 나의 죽음을 앞당긴 것을 격노하여 그를 파문하려 하고, 마지막에는 엉엉 울고 말겠지. 두타제일頭陀第一 (수행제일이라는 뜻)인 너는 사소한 수행방법에 구애되지만, 내가 없게 된 뒤에는 소소계小小戒 (사소한 계율)는 버려도 좋으리라.

우파리優波離여, 지율제일持律第一인 너는 정말 공들여 일에 전념하여 예의범절이 바르게 되었다. 하층 출신임에도 불구하고 귀족 출신자에 섞이어 기죽지 않고 잘 정진하였다. 칭찬해 주리라.

라훌라羅睺羅여, 나의 친자식이면서 사리불 밑에서 남의 눈에 띄지 않는 밀행에 힘쓴 너는 밀행제일密行第一이라고 불리었지만 너무나도 빨리 세상을 떠나고 말았다. 나의 후계자로 지목되었으면서 너무나도 비운悲運의 요절이었다. 아무 것도 해주지 못한 아버지였지만, 그쪽 세계에서는 행복하게 살고 있느냐?

기바耆婆 (지바카)여, 천하의 명의인 너에게는 몇 번이나 병을 치료받았지만 이번만은 어떻게도 안되겠구나. 제행諸行은 무상한 것이다. 강의 흐름을 막을 수 없듯이 나의 지상 목숨은 이제 더 이상 오래갈 수 없겠지.

아아, 사랑하던 제자들을 생각하니, 내가 이 세상을 떠나고 난 뒤의 일이 참으로 마음에 걸린다. 제자들이여, 마음에 잘 새겨두어라. 나의 생명은 이제 곧 지상을 떠나지만, 내가 남긴 가르침은 수천 년 뒤까지 전해져 세상 사람들의 마음의 양식이 되어 가리라.

연생緣生의 제자들이여, 내가 하는 마지막 말을 잘 기억해 두어라. 나의 생명은 저 보름달과 같은 것이다. 달이 구름에 가리어 안 보이는 것처럼 여겨질지라도, 달은 여전히 구름 저편에서 찬란히 빛나고 있다. 이와 같이 생명이라는 것은 영원히 빛나고 있는 것이다. 영원히 끝날 때가 없는 것이다.

앞으로는 내가 지상을 떠난 뒤에도 너희는 45년 동안 내가 설해 온 가르침을 마음의 양식으로 삼아 살아가도록 하라. 나의 가르침을 마음의 양식으로 삼고 누구에게 빛을 구걸하는 일없이 자기 스스로 마음에 등을 켜서 자신의 앞길을 비춰 가도록 하라. 자신의 마음에 법등法燈을 밝히고, 굳세게 살아가도록 하라.

내가 오랜 세월 너희에게 설해 왔던 가르침은 자기 자신을 만드는 가르침이며, 자기 자신을 만들면서 타인을 구제하는 가르침이니라.

　내가 죽은 뒤에도 자등명自燈明이라는 말을 잊지 말고, 법에 의지하여 살아가도록 하라. 제자들이여, 이것이 나의 마지막 말이다. '모든 사상事象들은 지나가 버리는 것이다. 게을리 말고 수행을 완성토록 하라'".

　이것이 석가가 입적할 때의 생각想이었습니다. 석가만큼의 사람도 입적할 때에는 목소리가 거의 나오지를 않아, 마음의 창이 열려 있던 제자들이 그 영능력에 의하여 석가의 심중心中의 소리를 듣고, 그 일부가 열반경涅槃經에 기록으로 남겨진 것 같습니다.

---

44) 변경 : 나라의 경계가 되는 변두리 땅.

9차원의 깨달음

　석가의 깨달음은 예수 그리스도의 깨달음을 넘어 인류 최고의 깨달음이었습니다. 그러나 45년이나 걸렸어도, 석가가 오득悟得한 대우주의 깨달음은 유감스럽게도 제자들에게는 다 설할 수가 없었던 것 같습니다. 불제자라 할지라도 역시 살아있는 동안에 여래의 깨달음까지 얻은 사람은 전무全無에 가까워, 대우주의 창조나 대우주의 차원구조의 메커니즘을 이해하기는 어려웠다고 할 수 있습니다.
　더구나 전란戰亂의 땅이었던 당시 인도의 시대 배경을 앞에 두고서는, 석가가 시대를 초월한 가르침을 설해도 사람들의 마음을 구제할 수는 없었던 것이었습니다. 그래서 석가는 팔정도에 의하여 인간의 마음을 아라한의 경지에까지 끌어올릴 것을 가르침의 중심에 두었습니다.

본래 9차원 우주계의 깨달음이란 다음에 나오는 세 가지 조건을 충족하지 않으면 안됩니다.

1. 어떠한 사람에게도 대기설법待機說法[45]을 할 수 있을 만큼 종횡무진縱橫無盡한 법을 깨닫고 있을 것.
2. 창세기에 대한 깨달음, 즉, 우주의 성립, 지구의 역사에 대해서도 깨닫고 있을 것.
3. 4차원 이후의 다차원 세계의 법칙에 대해 깨닫고 있을 것.

1의 대기설법은 석가가 특히 능한 것이었습니다. 2의 창세기의 깨달음은 보리수 아래에서 깨달음을 얻고, 자신의 영체靈體가 대우주와 일체가 된 신비체험을 하였을 때 깨달았던 것입니다. 3의 우주의 이법理法, 실재계의 규칙에 대한 깨달음은 인과의 법칙이라든지 카르마의 법칙에 의하여 표현되었던 것 같습니다.

물론 9차원의 깨달음에는 육대신통력六大神通力의 각각에 대해 최고의 능력이 수반되며, 삼세三世를 꿰뚫어보는 능력이 갖추어집니다. 그러나 석가는 깨달음의 길에 든 자가 초능력 신앙에 빠지는 위험성을 일찍이 간파하여 거기에 대한 망신妄信을 자계하기 위하여 독심력讀心力 이외의 영능력은 그다지 사용하지 않았습니다.

이 9차원의 깨달음을 얻은 상상단계上上段階 빛의 대지도령이 열 명 있다는 것은 이미 제1장에서 서술하였습니다만 각각의 분에 대한 현시점(1994년 현재)에서의 역할을 들면 다음과 같습니다.

앞 쪽[表側]

1. 석가(엘 칸타아레) - 신세기의 창조와 신문명의 구축. 지구계 영단의 최고대령最高大靈.
2. 예수 그리스도(아모르) - 천상계의 지도방침 결정.
3. 공자(세라빔) - 지구영단의 진화계획 입안. 다른 성단星團과의 교류.
4. 마누 - 민족문제.
5. 마이트레야 - 신의 빛의 프리즘화prism化.
6. 뉴턴 - 과학기술.
7. 제우스 - 음악, 미술, 문학 등의 예술.
8. 조로아스터 - 도덕적 완성.

뒤 쪽[裏側]

9. 모세(모리야) - 지옥해소의 진두지휘 및 기적현상.
10. 엔릴 - 마법계(아라비아), 요가계(인도), 선인계仙人界 (중국), 선인仙人 및 천구계天狗界(일본), 지도(난폭신荒神, 재앙신災殃神 계통)

현재 9차원에서는 엘 칸타아레의 본체가 하생下生해 있기 때문에 예수 그리스도가 대역代役을 맡아 중심적으로 의사결정을 하고 있습니다. 이 예수 그리스도도 지금으로부터 약 4백 년 후에 재림할 예정으로 되어 있습니다. 또한 그 무렵에는 현재의 버뮤다 해역이 다시 융기하여 현재의 캐나다를 포함한 뉴 아틀란티스 대륙이 출현할 것입니다. 현재의 북미대륙 중에서도 남반부는 바다 속에 함몰되어 있을 것입니다. 예수 재강탄再降誕의 땅은, 현재로서는 이 뉴 아틀란티스 대륙으로 예정되어 있습니다. 그리고 이 땅에서 예수 그리스도는 우주 시대의 사랑과 정의의 원리에 입각한 진리를 설할 것입니다.

본 장에서는 9차원의 깨달음까지 설하였습니다만, 그 위에는 물론 10차원의 깨달음이 있습니다. 그러나 10차원 의식은 대일의 식大日意識, 달의식月意識, 지구의식地球意識이라는 삼체三體의 혹성의식이기 때문에, 깨달음을 '육체를 가진 적이 있는 영靈의 깨달음'이라는 의미로 이해한다면, 10차원은 제외해도 될 것입니다. 다만, 10차원의 깨달음을 참고로 서술한다면, 그것은 인간적인 요소를 불식拂拭한 깨달음이라는 말을 할 수 있습니다. 즉, 10차원 존재란 목적의식을 가진 거대한 빛의 덩어리에 지나지 않는 것입니다.

---

45) 대기설법 : 그 사람의 기근器根에 맞춰서 깨달을 수 있도록 설법하는 것.

제5장

황금의 시대

신인류의 징조

이제 21세기가 바로 눈앞에 다가왔습니다. 이제부터의 새로운 시대에는 어떠한 사람들이 나타나고 어떠한 시대가 찾아오게 되겠습니까? 현대의 많은 사람들은 21세기에 대한 기대와 불안에 가슴이 설레기도 하고, 두근거리기도 할 것입니다.

그러나 새로운 시대의 징후, 신인류 출현의 조짐은 이미 현대 사회 속에 있는 것입니다. 현대는 실로 시대의 단경기端境期입니다. 단경기에는 많은 낡은 것이 멸하여 가고 새로운 많은 것을 발흥해 갑니다. 그러므로 새로운 시대의 싹은 현재 이미 싹트고 있는 것입니다. 그리고 그러한 것들을 현대의 사람들에게 전해 가는 것이 동시대의 예언자預言者의 사명이기도 합니다.

인류는 지금으로부터 약 1만 년 전에 아틀란티스 대륙이 침몰

할 때, 구문명舊文明이 멸망해 가는 것을 눈으로 보았습니다. 하나의 끝은 하나의 시작을 의미합니다. 그리하여 이윽고 신문명이 이집트 땅을 중심으로 열리게 되었던 것입니다. 이 문명은 약 1만 년 동안 계속되었습니다. 그러나 그것도 이 20세기 말로서 일단 종지부를 찍게 되는 것입니다.

지난 1만 년 동안에 이집트를 시작으로 하여 페르시아, 이스라엘, 중국, 유럽, 미국, 그리고 일본이라는 식으로 여러 나라, 여러 지방에서 문명이 번성해 왔습니다. 이번 문명의 특색은 '지성知性'이라는 것이 대단히 강한 시대였다고 할 수 있습니다. 그러므로 지적知的으로 세상을 이해해 가려는 경향이 강한 지성의 문명이었던 것입니다.

그 이전의 아틀란티스 대륙의 문명은 주로 '이성理性'을 중심으로 한 문명으로, 9차원 우주계에서도 마이트레야 여래와 쿠트후미(아르키메데스이며 뉴턴이기도 함)의 활약이 매우 두드러졌었습니다.

나아가 아틀란티스보다 오랜 시대, 지금으로부터 1만 5천 년 이상이나 되는 옛날에는 태평양에 무 대륙이 있어, 이 또한 독특한 문명을 만들고 있었습니다. 무 문명이란 한마디로 말하면 빛에너지의 문명이었습니다. 이 시대에는 빛에너지에 대한 과학적인 연구, 종교적인 연구가 대단히 진전되어 있어서, 각 개인이 어떻게 하면 자신의 빛 파워를 증폭할 수 있는지에 대해 학습을 하는 것이 주된 수행이었습니다.

더 나아가 그로부터 거슬러 오르기를, 지금으로부터 2만 7천 년 전에는 인도양 위에 '라무디아Lamudia 대륙' 주15)이라는 대륙이 떠 있었습니다. 이 시대의 인류는 '감성感性'이 중심이었습니다. 무의 시대에는 엘 칸타아레(석가)의 힘이 많은 영향을 끼쳤습니다만, 라무디아 시대에 힘을 발휘한 것은 마누와 제우스였습니다. 그리고 그들이 중심이 되어 감성의 문명을 쌓아올린 것 같습니다.

이 시대에는 인간이 감성을 연마하는 것이 수행이었으며, 최고도의 수행을 쌓은 사람은 3천 종류의 색과 2천5백 종류의 냄새를 구별할 수가 있었습니다.

라무디아 문명보다 더 이전은, 지금으로부터 15만 3천 년 전이라는 아득한 옛날에 사라진 뮤트람 대륙에서 번성하던 뮤트람 문명입니다. 이 무렵에는 지구의 지축地軸이 현재의 위치와는 상당히 달랐습니다. 현재의 남극대륙 부분이 온대였습니다만 그 남극대륙을 약간 변형한 것과 같은 대륙, 이것이 뮤트람 대륙이었습니다. 이 대륙은 무 대륙이나 아틀란티스 대륙처럼 바다 속으로 가라앉아 사라진 것은 아닙니다. 실은 15만 년 전에 일어난 지축의 변동에 의하여 기후가 온난하던 뮤트람이 한대寒帶가 되었던 것입니다. 그로 인하여 지표가 얼음으로 뒤덮여 지상에 사는 인류와 생물의 대부분이 사멸하고 말았던 것입니다. 이것이 지금까지도 전설로 남아 있는 빙하시대입니다. 그러므로 남극대륙의 얼음 속에는 옛 문명의 유산이 많이 남아 있습니다.

이 뮤트람 문명 이전은 '가나Garna 대륙' 주16)이라고 하여, 지금으로부터 73만 5천 년 정도 전의 일입니다. 이 무렵에는 현재의 아프리카 대륙과 남미 대륙이 맞붙어 하나의 거대한 대륙을 이루고 있었습니다. 가나 문명은 '초능력'을 중심으로 한 문명이었습니다. 그러나 어느 날 갑자기 지각변동이 엄습하여 대지가 두 동강으로 갈라져 대륙이 이동하기 시작하였습니다. 진도10 정도의 대지진이 엄습해 가나 문명은 붕괴해 갔던 것입니다.

내가 지금 말하는 것은 결코 SF(공상과학)도 그 무엇도 아닙니다. 실제로 과거의 지구상에 일어났던 일입니다. 그러한 것들은 현대와 미래의 문명을 생각하기 위하여 참고가 될 것입니다.

주15) 라무디아 대륙 : 《태양의 법》 구판에서는 레무리아Lemuria 대륙이라 표기하였지만, 무 대륙과 혼동하는 학설이 있기 때문에 본서에서는 당시 흔히 사용되던 '라무디아'를 쓰기로 한다.

주16) 가나 대륙 : 구판舊版에서는 '곤다아나Gonda-Ana 대륙'이라는 표기를 사용하였지만, 지구물리학상의 '곤드와나Gondwana 대륙'과는 그 규모와 시대가 다르기 때문에 혼동을 피하기 위하여 본서에서는 당시 어느 지역에서나 사용되고 있던 통칭인 '가나'를 사용하기로 한다.

가나 문명

　인류 4억 년의 역사 가운데에는 강을 흐르는 거품처럼 수없이 많은 문명이 생겨났다가 사라져 갔습니다. 그 모든 것을 말하는 것은 현대인에게는 불필요할 것입니다. 하여튼 우리에게 필요한 것은 현재와 미래사회를 생각하기 위한 재료입니다. 그러나 그 재료가 과거의 문명 속에 파묻혀 있는지 아닌지는 확인해 볼 필요가 있습니다. 그래서 나는 실재계에 있는 '아카샤'의 기록을 판독하여, 4억 년의 역사 가운데에서 최근 불과 약 백만 년 정도의 기록으로부터 과거문명의 추이를 발췌하여 서술해 가기로 하였습니다.
　우선 가나 문명부터 설명해 가겠습니다. 가나 대륙이란 지금으로부터 96만 2천 년 전에 해저화산이 폭발한 뒤에 해저가 융기해서 생긴 것입니다. 현재의 아프리카 대륙과 남미 대륙을 잇는 해역이 그 장소입니다. 그 후 지금으로부터 73만 5천 년 전에 대륙의 분열 및 이동이라는 전대미문前代未聞의 대사건에 의하여 하나의 대륙이 사라지고 두 개의 대륙이 출현하였던 것입니다.

이 대륙에는 네 번에 걸쳐 문명이 탄생합니다만, 여기서는 그 중 마지막 문명에 집약하여, 그 문명만을 가나 문명이라고 부르기로 하겠습니다.

가나 문명이 번성한 것은 지금으로부터 76만 년 전 무렵부터 대륙 소멸까지의 약 2만 5천 년 동안입니다. 이 문명은 이미 서술한 바와 같이 '초능력'을 중심으로 한 문명이었습니다.

그 당시 인간의 크기는 남자가 약 2미터 10센티미터, 여자는 약 1미터 80센티미터가 표준이었습니다. 이 시대의 남성은 흥미롭게도 제3의 눈이 있었던 것 같습니다. 그 위치는 이마 한가운데, 두 눈썹 사이의 약 2센티미터 윗부분에 에메랄드와 같은 녹색을 한 둥근 눈이 하나 붙어 있었습니다. 이 제3의 눈은 보통은 감겨 있다가 초능력을 발휘할 때만 열렸던 것 같습니다. 여성에게는 이 제3의 눈이 없었습니다. 그러므로 여성은 초능력을 가진 남성의 제3의 눈을 대단히 두려워하여 차츰 예속적인 지위에 놓이게 되었던 것 같습니다.

가나 문명의 말기에 전해지던 신화에 '신은 남녀인간을 평등하게 만드셨다. 그 증거로 남성은 자신의 몸을 지키고 일족의 안전을 지키기 위하여 제3의 눈이 주어지고, 여성에게는 일족의 번영을 위하여 자궁이 주어졌다'라는 내용이 있었던 것 같습니다.

　이 무렵에는 여성의 자궁도 초능력 기관이라고 여겨지고 있었던 것입니다. 왜냐하면 여성은 자궁이라는 초능력 기관에 의하여 영천상계와 교신이 가능하고, 자녀가 될 영을 몸에 깃들이게 할 수가 있었기 때문입니다. 그리하여 어머니가 될 여성은 사전에 영천상계의 자녀가 될 영과 충분히 대화를 하여, 양자가 합의하였을 때 자녀를 몸에 깃들이게 하였던 것 같습니다. 그러므로 현대의 인공유산 같은 것은 있을 턱이 없었습니다.

　또한 가나 문명의 시대에는 여덟 민족이 뒤섞여 패권을 다투고 있었기 때문에 사람들은 항상 외적外敵으로부터 몸을 지킬 필요가 있었습니다. 제3의 눈은 그것을 위한 무기도 되었던 것입니다. 제3의 눈의 색깔은 각 민족에 따라 달랐습니다. 노랑, 초록, 보라, 검정, 회색, 갈색이 있었던 것 같으며, 각 민족에 따라 초능력의 발달 정도에 차이가 있었던 것 같습니다.

　그러나 제3의 눈의 주된 힘은 역시 물리적인 능력이었다고 할 수 있습니다. 현대에서 말하는 이른바 '사이킥psychic 파워', 염력念力이라는 것이 그 중심이었던 것 같습니다. 그러나 민족에 따라서는 염력이 아닌 예지능력豫知能力을 주로 발달시켰던 사람들도 있었습니다. 즉, 예지능력에 의하여 외적의 공격을 미연에 알아차리고 일족을 지키려고 하였던 것입니다.

이 시대의 진리에는 유감스럽게도 '마음'이라는 것은 없었던 것 같습니다. 어느 방면에 초능력을 발휘시킬 것인가 하는 것이 주안主眼이 되어, 그것이 구체적인 수행의 방법이었다고 할 수 있습니다. 그리고 그러한 사람들이 가나 대륙의 소실과 함께 저 세상으로 돌아가, 영천상계의 뒤쪽인 선인계仙人界, 천구계天狗界, 마법계魔法界 (서양의 선인계)의 증대를 가져왔던 것입니다.

가나 문명 이후에는 제3의 눈을 가진 인류는 출현하지 않았습니다. 그러나 요가 등에서 말해지는 미간부분에 있는 차크라[46]가 제3의 눈의 흔적입니다.

---

46) 차크라 : 요가의 신체관身體觀으로서, 회음부會陰部 (항문과 성기 사이)로부터 두정부頭頂部 (머리의 맨 위의 중심)까지의 각 부분에 존재한다고 말해지는 에너지 집결부. 여러 설이 있지만, 보통 6군데를 가리킨다.

뮤트람 문명

　가나 문명은 초능력을 중심으로 한 문명이었습니다만, 결국은 대륙이 둘로 갈라진다는 전대미문의 사건에 의하여 붕괴되고 맙니다.

　그것은 약 73만 5천 년 전의 어느 가을 저녁 무렵이었습니다. 대지에서 '쿵'하는 무시무시한 땅울림이 있는가 싶더니, 가나 문명의 중심도시의 하나인 '에카나'라는 대도시의 중심에 남북으로 균열이 생겨 순식간에 대지에 단층이 생겨났습니다. 최초의 단층은 남북으로 100킬로미터 가량이었습니다만, 이윽고 바닷물이 단층으로 들어오기 시작하여 대륙이 분열하는 징후를 보였던 것입니다. 제2단계의 변화는 그로부터 3일 만에 일어났습니다. 진도 10 가량의 강렬한 직하형直下型 지진이 일어나 약 30만 명의 에카나 주민은 이 날 전멸하였습니다.

그 후 남북의 단층은 약 수천 킬로미터에 달하여, 이윽고 가나 대륙은 두 개의 대륙으로 천천히 분열해 갔습니다. 그로부터 수만 년이나 걸려 현재의 지형, 즉, 아프리카 대륙과 남미 대륙으로 갈라졌던 것입니다.

가나의 동남부에 '에미르나'라는 도시가 있었습니다. 그곳을 중심으로 살던 에미르나 족은 예지 능력이 발달한 부족이었기 때문에, 그중 일부 사람들은 재빨리 위험을 감지하고 해로의 남방에 있던 무인無人의 신대륙으로 피하였습니다. 이 이야기도 노아의 방주의 원형 중 하나입니다. 그러나 중요한 문명의 도구와 우수한 사람들을 잃고, 에미르나 족은 이윽고 단순한 농경민족으로 전락해 갔습니다. 그와 함께 앞 절에서 서술한 제3의 눈도 퇴화해 간 것 같습니다.

이 신대륙에도 갖가지 문명이 일어났습니다만, 가장 유명한 것은 지금으로부터 30만 년 전부터 15만 3천 년 전 무렵까지 번성하였던 뮤트람 문명입니다. 이 이름을 따서 이 대륙은 뮤트람 대륙이라고 불립니다. 이 대륙은 그 80%까지가 현재의 남극 대륙과 겹쳐져 있습니다. 다만 지구의 지축이 현재와는 상당히 위치를 달리하고 있었기 때문에 뮤트람 대륙은 남극 대륙과 달리 기후가 온난한 땅이었습니다. 그래서 이 대륙에서는 밀과 아주 비슷한

곡물이 매우 잘 자라, 농경중심의 문명을 이루고 있었습니다.

뮤트람에서 특히 발달한 문명은 식생활 문명입니다. 이 시대에는 모든 식생활이 철저히 연구됩니다. '어떠한 음식물을 어떠한 조합으로 해서 먹는 것이 인간성에 가장 도움이 되는가'하는 것에서부터 식생활과 인간의 정신생활과의 관련까지가 철저히 추구되었던 것입니다. '어떤 식물을 먹으면 인간의 기질을 온순하게 하는가? 어떤 어육魚肉을 먹으면 근육에 순발력이 붙는가? 어떤 유제품을 하루 몇 번, 어느 정도 먹으면 장수할 수 있는가? 어떤 알코올류가 뇌세포의 활성화에 도움이 되는가?' 이러한 것에 대한 연구가 여러 가지로 행해졌던 것입니다.

그리고 각각의 식생활 문화 부문마다, 예를 들면 장수 박사라든지, 내구력 박사라든지, 기억력증강 박사 등이 있었습니다. 현대의 수험공부와는 달랐습니다만 그러한 박사를 목표로 하여 어릴 때부터 공부에 힘썼던 것입니다.

뮤트람 문명은 식생활과 인간의 기질에 관한 방대한 연구를 남겼습니다. 그러나 가나 문명이 호전적이었지만 영적靈的인 능력을 중시한 것에 비해, 뮤트람 문명은 평화적이기는 하였습니다만 영적인 것을 경시하는 사고가 기조基調를 이루고 있었습니다. 즉, 이 무렵에는 벌써 현대 유물사상의 시초가 나왔던 셈입니다.

식생활과 인간성의 관계를 해명했던 것은 물론 중요합니다만, 식생활에 관심의 중점이 옮겨졌기 때문에 인간 본래의 사명인 혼의 연구, 혼의 수행이 소홀해졌던 것입니다.

　현대인 가운데에서도 건강식이나 미용식에 특별한 관심이 있는 사람들은 아마 이 뮤트람 문명 시대에 몇 번인가 전생轉生한 경험을 가지고 연구에 힘썼던 과거가 있었다고 해도 좋을 것입니다.

　뮤트람의 전성기는 지금으로부터 16만 년 정도 전입니다. 즉, '모리야', 당시의 이름은 '에뮤라'라고 하였습니다만 이 에뮤라 대사大師가 지상에 나왔을 때 '식생활에서 마음의 생활로'라는 슬로건 아래에 일대 정신혁명이 일어났습니다. 이때 에뮤라 대사는 뮤트람의 전통인 식생활 문화의 중요성을 우롱한 죄로 대단한 박해를 받았습니다. 그의 정신혁명은 결국 성공하지 못하였던 것입니다. 그러나 사람들의 마음에 '식생활만이 아닌 무언가 다른 것이 인간성에는 커다란 영향이 있다'고 하는 이미지를 심어 주었습니다. 이것이 어느 의미에서는 유물사상과 싸우는 현대종교의 시초였다고 할 수 있습니다.

　이 뮤트람 대륙은 지금으로부터 15만 3천 년 전 돌연한 극이동極移動에 의하여 한대寒帶가 되어 버렸습니다. 이것이 빙하기의 시작입니다.

라무디아 문명

　뮤트람 문명의 최후는 지축의 변화가 원인이었습니다. 지금으로부터 15만 3천 년 전의 어느 저녁 무렵, 사람들은 하늘이 심상치 않게 붉은 것을 느낍니다. 마치 피와 같은 붉은 빛깔로 하늘 전체가 물들어 있는 것입니다. 식자識者한테는 많은 사람들로부터 문의가 쇄도하였습니다만 누구 한 사람 그 현상에 답하지 못하였습니다.

　그날 밤 10시경 하늘의 별이 모두 흘러 떨어지는 것을 본 사람들이 있었습니다. 그러나 사람들은 그것이 유성이 아니라는 것을 알게 됩니다. 별똥이 아닙니다. 지구가 흔들리고 있는 것입니다. 예를 들면, 바다 속에 가라앉았던 공이 물 위로 머리를 내밀 때 한 바퀴 도는 식으로, 지구가 그 목을 흔들어서 위치를 바꾸었던 것이었습니다.

그로부터 몇 개월이 지나는 동안에 그 영향이 지상에 뚜렷이 나타나기 시작하였습니다. 온난한 뮤트람에 눈이 내리고 대지가 얼기 시작하였던 것입니다. 뮤트람은 농경을 주체로 하는 문명이었습니다만, 이때 이 현상은 치명상이 되었습니다. 순식간에 사람들은 허기와의 싸움이 시작되었던 것입니다. 지하에 마을을 만들어 살아남으려고 하였던 사람도 있었습니다만 그들도 불과 2, 3년 만에 전멸하였습니다. 때마침 계절이 우기雨期였던 것이 불행으로, 쉬지 않고 내리던 비가 눈으로 변해 지상은 2주일 정도 뒤에는 5미터를 넘는 큰 눈에 파묻혔습니다.

뮤트람의 수도 '라뮤트'는 이때 전멸하고 말았던 것입니다. 그러나 일부 사람들은 배를 타고 탈출하였습니다. 그리하여 뮤트람 문명의 일부는 이윽고 그 다음 대륙으로 계승되어 갑니다.

이 무렵 인도양 위에는 아직 큰 대륙은 없었고, 한반도(남한)의 약 10배 정도 크기의 육지가 있었던 것에 불과하였습니다. 뮤트람에서 도망쳐 나온 수천 명의 사람들은 여기서 순차적으로 자손을 늘려갔던 것입니다.

하지만 지금으로부터 8만 6천 년 전에 이 육지는 돌연 부상浮上을 시작하여 순식간에 인도양 위에 대륙이 생겨납니다. 그로부터 약 1년 뒤에는 거대한 대륙 라무디아가 그 전모를 보였습니다. 이것은 일찍이 없던 거대한 대륙이 떠오르는 일이었습니다. 동서 3천5백 킬로미터, 남북 4천7백 킬로미터인 마름모꼴 대륙입니다. 이 대륙은 이윽고 초목이 우거지고 비옥한 토지가 되어 갑니다.

그리고 지금으로부터 4만 4천 년 전 이 땅에, 후에 그리스에 태어나 제우스라고 불렸던 사람이 출현하였던 것입니다. 이 때에는 제우스가 아니라 '엘레마리아Elemaria'라는 이름이었습니다. 이 엘레마리아는 문학, 미술, 음악을 비롯하여 예술방면에 만능적인 천재였습니다.

'대성大聖 엘레마리아'는 예술을 통해 사람들에게 삶의 기쁨과 신의 영광을 가르쳤습니다. 그리하여 라무디아 문명은 엘레마리아 이후 음악, 회화, 문학, 시, 건축, 조각 등의 다방면에서 대단히 번성하였습니다. 현대에도 예술방면에 뛰어난 재능을 펼치는 분들은 예전에 라무디아 시대에 공부를 하였던 사람들입니다.

대성 엘레마리아가 세상을 떠난 후에 라무디아에 거대한 빛을 가져온 것은 '마누'입니다. 마누가 라무디아에 태어난 것은 지금으로부터 약 2만 9천 년 전입니다. 그 당시의 이름은 '마르가릿Margarit'이라고 합니다. 당시는 '대사大師 마르가릿'이라고 불리었습니다. 마르가릿이란 '겨루게 하는 자'라는 의미입니다. '겨루게 한다'에는 두 가지 의미가 있습니다. 하나는, 그 무렵 이미 전능의 신으로 우러러 받들어지던 대성 엘레마리아와 견주어 볼 수 있다는 의미, 또 하나는 예술을 통해 각 부족을 겨루게 한다는 의미입니다.

마누 즉, 대사 마르가릿은 예술에 처음으로 경쟁의 원리를 도입한 사람이었습니다. 그는 음악, 회화, 문학, 건축, 가공기술의 다섯 분야로 부족을 나누고, 각각 최고의 것을 추구하게 하였습니다. 그리고 3년마다 최고의 예술을 결정하는 대회를 개최하여, 그 대회에서 최우수로 인정받은 부족으로 하여금 그 후 3년 동안 나라를 통치하는 지배계급으로 삼았던 것입니다.

이것은 예술이라는 한정된 영역이기는 합니다만, 공평하게 경쟁시켜 승자를 통치자로 삼는다는 의미에서는 현대의 민주주의, 데모크라시democracy의 선구라고도 할 수 있는 것이었습니다. 더구나 예술의 궁극에는 신이 있다는 가르침이었기 때문에 어느 의미에서는 제정일치祭政一致를 목표로 한 것이기도 하였다고 할 수 있습니다.

이 라무디아 문명도 지금으로부터 2만 7천 년 전, 홀연히 인도양 위에서 자취를 감추고 맙니다. 그것은 어느 찌는 듯이 더운 여름날 오후, 모든 사람들이 음악에 도취해 있을 때였습니다.

무 문명

　라무디아 문명의 최후는 참으로 어이없는 결말이었습니다. 예술을 깊이 추구하던 그들은 매일 오후가 되면 두 시간 정도 음악을 즐기는 시간이 있었습니다. 그때 갑자기 땅이 흔들거리며 움직인 것은 바야흐로 사람들이 한창 음악에 흠뻑 젖어 있을 때였습니다. 천장의 샹들리에가 크게 흔들리고, 유리창이란 유리창은 다 깨지고, 근대적인 큰 음악 홀이 맥없이 무너져 내려갑니다. 대륙은 먼저 동쪽 끝부터 가라앉아 갔습니다.

　오후 4시쯤에 대륙은 반 정도가 되어 버렸습니다. 그리고 다음 날 아침 7시에는 아침 해가 반짝반짝 푸른 널따란 바다를 비추고 있을 뿐, 대륙은 그림자도 형체도 없어져 버렸던 것입니다. 다만 수많은 시체들만이 인도양 위의 파도 사이에 떠다니고 있을 뿐이었습니다. 라무디아의 경우는 참으로 결정적이었습니다. 라무디아 대륙에 살던 2백5십만 명의 거주민은 한 사람도 남김없이 바다 속으로 사라져 버린 것이었습니다. 선인善人도 악인도 전혀 관계없이 모두가 죽고 말았던 것입니다.

그러나 문명만은 구해졌습니다. 왜냐하면 라무디아 사람들은 식민지를 가지고 있었기 때문입니다. 식민지의 이름은 '모아 대륙'으로 이후에 무Mu 대륙이라고 불립니다.

'무'는 태평양 위에 떠 있는 대륙이었습니다. 출현 그 자체는 라무디아 대륙보다도 오래되어, 지금으로부터 37만 년 전 무렵에 해상에 모습을 나타내었습니다. 그 후 대륙의 형태는 여러 가지로 바뀌었습니다만, 라무디아 말기 무렵에는 현재의 인도네시아 부근을 중심으로 하여 호주濠洲의 두 배 가량 되는 면적을 갖는 대륙이었습니다.

이 무 대륙에도 수십 만 년 전부터 사람들이 살고 있었습니다만, 수준은 약간 낮았다고 할 수 있습니다. 대륙 북부의 사람들은 어업을, 대륙 남부의 사람들은 수렵을, 그리고 중서부의 사람들은 주로 농목農牧을 중심으로 한 생활을 하고 있었습니다.

그러나 라무디아에 고도의 문명이 번창하였기 때문에 이윽고 무 대륙 사람들도 라무디아 민족의 침략을 당합니다. 라무디아 사람들은 커다란 범선으로 대군단을 이루어, 지금으로부터 2만 8

천 년 정도 전부터 무 대륙의 여러 도시를 식민지화하기 시작하였습니다. 그리하여 무 사람들의 일부를 노예로 삼아 라무디아에 데리고 와서 단순한 생산 작업을 시키고, 자신들은 학예 學藝에 도취해 있었던 것입니다. 그러한 부조화스러운 커다란 검은 상념의 구름이 라무디아 문명의 말기를 뒤덮어, 마침내는 그에 대한 거대한 반작용으로 대륙이 함몰하였던 것이라고 볼 수 있습니다.

식민도시였다고는 하나, 무 대륙에도 라무디아의 문화는 침투해 있었습니다. 그리하여 라무디아 문명이 멸망한 뒤에, 조용하기는 하였습니다만, 무 대륙에도 문명의 징조가 보이기 시작하였습니다.

지금으로부터 약 2만 년 전, 이 무의 땅에 조로아스터 Zoroaster의 전신 前身이 나왔습니다. 이 분의 그때 이름은 '에스칼렌트 Escallent'라고 합니다. 현재 사용되는 '엑설런트 excellent'란 영어는 이 에스칼렌트라는 인명을 그 연원 淵源으로 하고 있으며, 둘 다 '훌륭하다'라는 의미입니다. 이 '대성 大聖 에스칼렌트'는 태양의 과학적인 에너지를 중시하였습니다. 태양의 빛 파워에 두 종류의 의미부여를 하였던 것입니다. 즉, 첫째는 신의 영광을 나타내는 것으로서 빛을 '성스러운 것'이라고 하였습니다. 그리고 둘째는 빛을 '유용한 것'으로서 자리 매김하였습니다.

첫 번째 점에 관해서는, 빛을 성스러운 것이라고 하였기 때문에 태양이건 달이건 실내등이건, 사람들은 광원을 보면 반드시 두 손을 앞에 모으고 한쪽 무릎을 꿇어서 절을 하는 습관이 있었습니다. 이 당시의 예의가 후에 동양문화의 원류가 되어 사람들은 반드시 절을 하게 되었던 것입니다.

두 번째의 빛을 유용한 것이라고 했던 것은 어떠한 의미겠습니까? 에스칼렌트는 천상계로부터 쿠트후미, 후에 아르키메데스와 뉴턴으로 전생한 분에 의한 지도, 또한 엔릴의 과학적인 사고의 지도를 받고 빛 파워의 증폭이라는 데에 주력하였습니다.

이 시대 사람들은 태양의 빛에너지의 거대 증폭장치를 이용하여, 발전소를 대신하여 실내등으로 하거나, 배의 원동력 또는 물건을 가공하거나 할 때의 에너지로 삼았습니다. 즉, 이 무렵에 비로소 인류는 과학적인 시대의 막을 열 준비가 되어가고 있었던 것입니다.

도시의 중심에는 한 변의 길이가 30미터인 정삼각형으로 된 피라미드가 있어, 그것이 은빛으로 빛나고 있었습니다. 여기서 흡수되고 증폭된 태양에너지가 각 시가지의 중심에 있는 한 변의 길이가 10미터인 피라미드로 방사되고, 거기서부터 다시 각 가정의 지붕에 있는 한 변의 길이가 1미터인 작은 피라미드로 공급되고 있었습니다.

　이 피라미드 파워는 후에 아틀란티스에도 계승됩니다. 이 태양에너지의 거대 증폭장치는 현재 피라미드 파워 등으로 말해지는 구조와 아주 흡사합니다.

라무의 시대

　무 대륙이 그 전성기를 맞이한 것은 '라무'의 시대였습니다. 즉, 지금으로부터 약 1만 7천 년 전의 일입니다. 그 무렵에 무는 태양 신앙과 태양과학 만능의 시대를 맞이하고 있었습니다. 이 시기에 라무가 육체를 가지고 태어났던 것입니다. 라무란 석가의 몇 대 전의 과거세過去世입니다. 또 라무란 '무의 빛 대왕'이라는 의미를 가지고 있습니다. 라무의 시대에 무 대륙은 거대한 대제국大帝國이 되었던 것입니다. 원래는 모아 대륙이라 불리고 있었습니다만, 라무의 시대에 그의 이름을 따서 무 대륙, 무 문명이라고 하였습니다.

　라무는 무 대륙의 과학문명이 대단히 발달해 온 것을 기뻐하여, 이 기회를 놓치면 지상에 신의 나라를 세울 때는 없다고 생각하였습니다. 라무 자신은 거대한 영능력의 소유자였기 때문에 천상계의 영들과는 물론 자유자재로 교신을 할 수 있었습니다. 이 무렵에 라무를 천상계에서 수호하던 것은 주로 아모르, 후세의 예수 그리스도였습니다.

라무의 가르침의 중심은 세 가지였습니다. 첫째, '모든 무 사람들은 신을 태양과 같은 존재라고 깨닫지 않으면 안된다'. 신은 태양과 같이 빛으로 가득 차 있으며, 지상의 우리에게 빛을 주고 계신다는 것입니다. 둘째, '모든 무 사람들은 태양과 같은 사랑과 자비로 살아가지 않으면 안된다'. 다른 사람의 마음을 얼마만큼이나 광명으로 채웠는가 하는 것이 사랑과 자비의 본질이라고 하였습니다. 셋째, '모든 무 사람들은 향상을 인생의 목표로 하지 않으면 안된다'. 향상이란 학예學藝, 무도武道에만 적용되는 것이 아니라, 얼마만큼 영성靈性을 높였는가 하는 점이 요점입니다. 이 세 가지가 라무의 가르침의 기본이 되었던 것입니다.

라무가 그로부터 1만 4천 년 뒤에 인도에서 불교를 퍼뜨린 석존임을 알면, 불교의 가르침은 이미 라무의 시대에 싹트고 있었음을 알게 됩니다.

지금으로부터 1만 7천 년 전의 라무의 가르침은 실로 본격적인 종교의 시작을 알리는 것이었습니다. 라무의 시대에는 종교와 정치가 분리되는 일은 없었습니다. 최고의 종교는 곧 최고의 정치이며, 최고의 종교가는 곧 최고의 정치가였던 것입니다. 이것도 잘 생각해 보면 분명하게 알 수 있는 것으로서, 인간이 신으로부터 갈라져 나온 존재라면 그 지상의 인간을 통치하는 것은 가장 신과 가까운 사람, 즉, 대종교가大宗敎家가 담당하는 것은 당연한 일이라고 할 수 있습니다.

  라무는 매일 밤 신전에서 무릎을 꿇고는 고급령들과 마음속으로 대화하여 국정의 기본적인 방침에 대한 판단을 우러러 청하고 있었습니다. 이것은 실로 정치의 원점이라고 할 수 있습니다. 왜냐하면 정치란 인간을 다스리는 기술이며, 위정자의 과오는 단지 그 사람 혼자만의 문제가 아니라 국민 모두의 생사를 좌우하고, 국민 모두의 혼을 하락下落시키는 것을 의미하였기 때문입니다. 인간적인 마음으로 그러한 중대사를 판단하는 것은, 보기에 따라서는 매우 오만하고 대단히 건방진 일입니다. 정치의 원점은 바로 여기에 있었던 것입니다. 즉, 신 앞에서 겸허하고 차분한 마음으로 마음을 비우고 신의 목소리를 들으며, 신의 목소리에 귀를 기울인다는 것입니다.

  그러나 이윽고 라무가 세상을 떠나고 그의 위대한 가르침이 형식적인 흐름으로 변해가자, 무의 전성에도 그늘이 지기 시작하였습니다. 더구나 깨달음의 힘을 부정하고 요사스러운 동물령 신앙의 사이비 종교가 만연하기 시작하였습니다. 사악한 영능력

신앙이 '사랑과 자비'의 가르침을 조소하여 대륙 전체에 커다란 상념의 먹구름이 덮이기 시작하였던 것이었습니다.

이리하여 이 무 대륙은 지금으로부터 약 1만 5천3백 년 전에 3단계에 걸친 대륙의 침하沈下로 인하여 바다 속으로 함몰하였습니다. 라무의 이름을 딴 거대한 근대도시 라무도 이 대륙의 침하에 의하여, 당연한 일입니다만 태평양 속으로 침몰하고 맙니다.

그러나 무 사람들의 일부는 가까스로 피할 수가 있었습니다. 그 중 어떤 사람들은 배를 타고 북상하여 베트남인, 일본인, 중국인의 원류가 되었습니다. 또한 어떤 사람들은 동쪽으로 나아가 태평양을 건너 남미 안데스 산에 정착하였습니다. 나아가서는 대서양으로 피해 대서양 위의 아틀란티스 대륙으로 신천지를 찾아 간 사람들도 있습니다.

아틀란티스 문명

　아틀란티스 문명이란 현대문명 바로 직전의 문명입니다. 현재의 대서양 중간쯤인 버뮤다 해역이라 불리는 곳을 중심으로 아틀란티스라는 대륙이 있었습니다. 아틀란티스 대륙이란 7만 5천 년 정도 전에 거대한 해저화산의 폭발을 계기로 영국 만큼이었던 섬이 부상하여 생긴 대륙입니다. 이 대륙에 인류가 정착하게 된 것은 약 4만 2천 년 전부터입니다. 이 무렵은 아직 미개한 민족으로 부근의 섬들에서부터 사람들이 모여와 살고 있었던 것 같습니다.
　이 아틀란티스에 문명의 징후가 보이기 시작한 것은 지금으로부터 1만 6천 년 전 무렵입니다. 마침 무 대륙이 함몰되기 수백 년 정도 전의 일이었습니다. 이 무렵, 후에 아르키메데스로서 그리스 땅에 태어난 대과학자大科學者의 혼魂이 '쿠트후미'라는 이름으로 태어났습니다. 그는 어업과 수렵이 중심이었던 민족에게 최초의 문명을 가져다 주었습니다. 쿠트후미는 식물의 생명 속에 깃들인 신비한 힘에 주목하였습니다. 왜 하나의 씨앗이 발아하여 줄기가 자라고 잎이 우거지고 꽃이 피는 것일까? 왜 구근球根에서 줄기가 나오는 것일까? 그는 그러한 것에 대해 약 20년에 걸쳐 연구를 하였습니다.

그리하여 마침내 생명 에너지의 본질을 발견한 것입니다. '생명은 그 자체가 에너지의 보고寶庫이며, 그 형상이 변화할 때 거대한 에너지의 변환이 일어나고 있다. 이 에너지가 변환될 때의 파워를 꺼낼 수가 있다면 여러 가지 원동력이 될 것이다'라고. 그는 그로부터 또 다시 10년을 소비해서 생명 에너지의 변환 파워를 추출하는 방법을 연구하여 이에 성공합니다. 이것이 문명의 원동력이 되었던 것입니다.

쿠트후미가 원동력을 발견한 이래 아틀란티스에는 새로운 빛이 비추기 시작하였습니다. 이 생명 에너지의 변환 파워가 현대의 전력처럼 사용되기 시작하여 갖가지 전기제품과 같은 것이 출현하였던 것입니다. 예를 들면, 각 가정에서는 창가에 플라스크에 넣은 구근을 많이 늘어놓고 특수한 니크롬선 모양을 한 것으로 구근과 연결된 기계가 발아 에너지를 추출한 다음, 다시 상부 기계에 그것을 보내어 증폭시킴으로써 한 집에서 필요로 하는 에너지는 확보되는 것입니다.

그러나 아틀란티스 대륙에 커다란 변화가 나타나는 것은 1만 5천3백 년 전 무 대륙이 가라앉고, 그 후예가 아틀란티스로 피해 왔을 때입니다. 그들 가운데에는 과학자도 있었습니다. 과학자들은 무 문명의 피라미드 파워를 아틀란티스 사람들에게 전수하였던 것입니다.

바로 그 무렵에 천상계에서 마이트레야 여래가 지상에 육체를 가집니다. 그 때의 이름은 '크자누스^{Kuzanus}'입니다. '성聖 크자누스'는 피라미드 파워와 태양신앙을 합친 것 같은 '이신론理神論'이라는 신앙을 가르치기 시작합니다. 이 사상은 이성적理性的인 것, 과학적인 것은 신의 마음에 들어맞고, 또한 신의 마음이 이성적, 과학적인 것을 원한다는 점에 있었습니다.

그 으뜸가는 것이 태양의 빛입니다. '태양의 빛은 피라미드 파워에 의하여 과학적으로도 그 은혜를 인류에게 주면서, 더구나 정신적으로도 신의 마음이란 무엇인지를 우리에게 가르쳐 준다. 그와 같이 훌륭한 것이다'라는 내용이 이신론 가르침의 중심이었습니다. 이 피라미드 파워는 이윽고 항공기술, 항해기술에도 도입되어 갑니다.

그리하여 아틀란티스 문명은 지금으로부터 1만 2천 년 정도 전에는 전지전능한 '주‡ 토스Thoth'라는 대도사大導師, 대지도자를 얻어 전성기를 맞이하였습니다. 토스는 종교가, 정치가, 철학자, 과학자, 예술가를 혼자서 겸비한 초천재超天才였습니다. 이 대지도자는 아틀란티스에 종합문화라고도 할 만한 것을 창출하였습니다. 과학적 견식은 특히 뛰어나, 이윽고 아틀란티스는 무 문명에는 없었던 과학문명을 이루어 갔습니다. 즉, 비행선의 기술, 잠수함의 기술이 피라미드 파워와의 관련으로 발달해 갔던 것입니다.

아틀란티스의 비행선은 실로 기묘한 형태를 하고 있었습니다. 직경 4미터 정도의 고래모양을 한 비행선입니다. 길이는 약 30미터로 상반부에 부력용 가스가 주입되고, 하반부에 사람이 탑니다만 약 20인승人乘입니다. 고래모양을 한 등 부분에는 등지느러미와 같이 은빛의 피라미드가 세 개 붙어 있어, 이것으로 태양에너지를 변환하여 후미에 보내서 거기에 있는 프로펠러를 돌렸습니다. 아틀란티스의 비행선은 주로 갠 날밖에 비행하지 않았습니다. 여객기도 비가 오는 날에는 결항이었습니다.

또한 잠수함도 있었습니다. 이것은 폭 4미터, 길이 20미터의 합금속제로, 겉모습은 범고래라는 물고기를 모방하여 만들어진 것입니다. 범고래는 아틀란티스의 심벌이었습니다. 아틀란티스라는 이름은 '아틀라스Atlas'라는 왕의 이름을 땄다고도 말해집니다만, 실은 '빛나는 황금 범고래'라는 다른 의미도 가지고 있습니다. 잠수함에도 비행선에 달린 것과 같은 피라미드가 세 개 붙어 있어서, 그것이 멀리서 보면 등지느러미처럼 보였습니다. 물 위로 부상하여 태양에너지를 흡수하고 나서 다시 잠수하였습니다. 이리하여 아틀란티스는 과학만능의 시대를 맞이하였던 것입니다.

아가샤의 시대

　아틀란티스는 '대도사 토스'의 뒤를 이어 과학만능의 시대로 들어갔습니다. 그러나 토스의 진정한 '만능'을 이어받는 사람이 나오지 않았기 때문에 과학 편중科學偏重으로 기울어 갔습니다. 이리하여 '과학만능이란 반드시 신의 마음과 합치하지는 않는다', '신의 진정한 마음은 그 밖에도 있는 것이 아닌가'라는 등의 의문이 제시되기에 이르렀습니다. 그리하여 크고 작은 갖가지 종교개혁가가 출현하여 인간의 존재양식을 가르쳤습니다. 이것이 이른바 백가쟁명百家爭鳴47)의 시대입니다. 이 시대는 약 천 년 정도 계속됩니다.

　아틀란티스가 침몰하기 시작한 것은 이 무렵으로, 지금으로부터 1만 천 년 정도 전입니다. 우선 처음에 대륙의 동쪽 3분의 1이 바다 속으로 가라앉았습니다. 나아가 1만 7백 년 전쯤이 되자 서쪽 3분의 1이 가라앉았습니다. 아틀란티스 대륙은 한가운데인 3분의 1만 남게 되고 말았습니다만, 그래도 아직 해상에 제국을 이루고 있었습니다.

그리고 지금으로부터 1만 4백 년 정도 전, 즉 기원전 8천4백 수십 년에 이 땅에 '아가샤Agasha'라는 분이 태어났습니다. 아가샤가 태어난 곳은 아틀란티스의 수도 '폰티스'입니다. 폰티스는 인구 70만 정도의 도시였습니다. 폰티스에는 대대로 왕족이 살고 있었는데, 이 왕족의 이름은 '아만다족族'이라고 합니다.

아가샤는 아만다 족의 왕자로 태어났습니다. 어릴 때의 이름은 아몬Amon이라 합니다. 아몬은 24살 때 왕위에 올라서 아가샤라고 이름을 바꾸었습니다. 아가샤란 '예지叡智를 비장秘藏한 자'라는 의미입니다. 이 아가샤 대왕이야말로 후에 이스라엘에 태어난 예수 그리스도입니다.

아가샤 대왕은 라무와 마찬가지로 정치가 겸 종교가였습니다. 왕궁 안에는 높이가 30미터나 되는 금빛으로 빛나는 피라미드 모양의 신전이 있어서, 여기서 대왕은 신사神事를 행하고 있었습니다. 아가샤 대왕의 치정治政 중에서 특징이 있었던 것은 그는 매월 한 차례, 십만 명 이상 수용할 수 있는 대광장에 시민들을 모아 설법을 하였던 일입니다. 그 당시에도 물론 현대의 무선 마이크와 같은 것이 있었습니다.

아가샤의 가르침은 후에 예수 그리스도로서 태어날 정도의 내용이 있어서 역시 '사랑'을 중심으로 한 것이었습니다. 그의 설법 내용은 매번 바뀌었습니다만 기본적인 가르침은 다음의 네 가지로 요약됩니다.

1. 신의 본질은 사랑이며, 우리 인간이 신의 자녀임은 모든 인간의 마음속에 사랑이 있다는 것으로 증명된다.
2. 사랑의 구체적인 방법은 먼저 주^{主}이신 신을 사랑하고, 신의 분신인 이웃을 사랑하고, 마지막으로 신의 종인 자신을 사랑하는 것이다.
3. 하루에 한 번은 홀로 조용히 기도하여 자신의 수호령 및 지도령과 대화하라.
4. 인간의 위대함은 그 사람이 베푼 사랑의 양^{量}이 아니라 사랑의 질^{質}로 헤아려진다. 너의 사랑의 질을 높여라.

아가샤의 가르침은 훌륭하였으며 그의 인격은 깊이 존경받고 있었습니다. 그러나 일찍이 '성 크자누스(마이트레야 여래)'가 가르쳤던 이신론을 받드는 일파는 아가샤를 적대시하여 그의 목숨을 노리게 되었습니다. 왜냐하면 성 크자누스는 '신은 이성적인 것'이라고 가르쳐서 과학적, 합리적인 것을 중요시하였음에 대해 아가샤는 사랑이라든지 수호령, 지도령이라는 비과학적, 비합리적, 비이성적인 가르침을 가르치고 있었기 때문입니다.

즉, 성 크자누스 파의 사람들은 아가샤의 가르침에 대해 '인심을 현혹시키고 아틀란티스의 오랜 좋은 전통을 무너뜨리는 것'이라고 생각하였던 것입니다.

확실히 아가샤는 군계일학群鷄一鶴48)이라고도 할 존재로서 그 인격의 고귀함은 만인이 인정하는 것이었습니다만, 평균적인 아틀란티스 사람들은 과학만능 신앙에 빠져서 눈에 보이지 않는 수호령이나 지도령을 믿을 수가 없었습니다. 마침내 이신론파理神論派는 반란을 일으켜 아가샤를 비롯한 왕족들을 붙잡아 광장에서 생매장하는 폭거暴擧를 일으켰습니다. 이 무렵은 마치 20세기말의 현대와 마찬가지로 진리가 설해짐과 동시에 마魔가 들고 일어나 있었던 것입니다.

이러한 폭거 속에서 오로지 한 사람, 이신론파의 추격의 마수魔手를 피하여 비행선을 타고 왕궁에서 날아간 사람이 있었으니, 아가샤의 장남 '아몬 2세'입니다. 이 아몬 2세는 이집트로 탈출하여 '아몬라Amon Ra 전설'의 기원이 됩니다. 이 땅에서 태양신앙을 시작하게 되는 것입니다. 이집트 피라미드의 원형은 아몬 2세가 전한 지식에 그 기원을 둡니다.

반란군의 폭거에 의하여 지상에 육체를 가졌던 수많은 빛의 천사들은 처형되고, 아틀란티스에서는 악마가 승리를 거둔 것처럼 보였습니다. 그러나 그들이 만들어낸 어두운 상념의 먹구름이 아틀란티스 전체를 뒤덮었기 때문에 지구의식에 반작용이 일어나, 모든 아틀란티스 제국이 하룻밤 만에 해저로 함몰한다는 믿을 수 없는 현상이 실제로 일어났던 것입니다.

과거의 많은 문명이 그러하였듯이 이 문명도 어느 날 갑자기 대륙의 침몰에 의하여 종말을 고하였습니다. 그러나 일부 사람들은 역시 비행선으로 도피하여 아프리카, 스페인, 남미의 안데스 방면으로 피하여, 각각의 땅에서 새로운 문명의 씨앗을 뿌려갔던 것입니다.

---

47) 백가쟁명 : 많은 학자·문화인 등의 활발한 논쟁. 여기서는 여러 종교가들이 활발히 가르침을 펴던 시대임을 말함.
48) 군계일학 : 계군일학鷄群一鶴이라고도 함. 평범한 사람 가운데의 뛰어난 사람을 이름.

현 문명의 변천

아틀란티스 붕괴 이후에 문명은 갖가지 형태로 전 지구상으로 퍼져 갑니다. 먼저, 이집트로 탈출한 아몬 2세는 그 땅에서 신적神的인 숭배를 받으며, 사람들에게 빛에 대한 신앙을 가르쳤습니다. 그와 동시에 농목農牧을 주로 하던 이집트 백성들에게 여러 가지 문명의 지혜를 전수하였던 것입니다. 후에 만들어지는 피라미드는 이때 '아몬라'가 신앙의 대상용으로 만든 자가용 피라미드가 원형이 되어 있습니다.

이집트에는 그 후 '클라리오Clario'라는 이름으로 예수 그리스도의 전신이 태어났습니다. 지금으로부터 4천 수백 년 전의 일입니다. 이때 클라리오는 태양신앙과 사랑의 신앙을 융합하는 입장을 취하여 사람들을 이끌었습니다.

한편, 남미 대륙에서는 무의 자손과 아틀란티스의 자손이 힘을 합하여 독특한 문명을 이루어 가고 있었습니다. 우주인을 신이라고 생각하던 그들은 우주인과의 교신을 문명의 핵으로 삼고, 안데스 산 속에 우주인이 착륙할 수 있도록 이착륙 기지까지 만들어, 한때 그 일에 열중하고 있었던 것 같습니다.

그러나 지금으로부터 7천 년 정도 전에 '리엔트 알 크라우드 Rient Arl Croud'라는 임금님이 이 안데스 산 속의 고대 잉카 나라에 태어났습니다. 그리하여 우주인은 신이 아니라고 분명히 말합니다. 크라우드는 사람들에게 마음 세계의 신비를 가르쳤으며, 신의 존재는 외부에 있는 것이 아니라 마음속 깊숙한 곳에 있다고 설했습니다. 인간의 인생 목적은 그 마음 세계의 신비를 탐구하는 데에 있으며, 마음을 드높여감으로써 어떻게 하면 신과 가까운 자신을 만들어 가는가가 중요하다고 가르쳤습니다.

이 리엔트 알 크라우드야말로 무 대륙의 라무, 그리고 아틀란티스의 토스의 생명체가 전생轉生한 모습입니다. 이후, 이윽고 이 생명체는 인도 땅에서 고타마 싯다르타, 즉, 석가모니불釋迦牟尼佛이 되어 불법佛法을 설하게 됩니다. 9차원의 혼은 4차원, 5차원의 인혼人魂 (사람의 혼)과는 달라서 하나의 거대한 빛의 에너지체이기에, 동일인이 다시 태어난다고 하기보다는 동일 생명체의 일부가 지상에 내려온다고 하는 편이 옳습니다. 그러므로 예수의 경우도 같습니다.

한편 지금으로부터 3천7, 8백 년 전에 그리스 땅에는 제우스가 태어났습니다. 제우스는 '전지전능全智全能'이라고 형용되는 바와 같이 학문과 예술에도 뛰어난 분이었습니다. 제우스는 9차원에서의 역할이 예술 전반이었기 때문에 그리스에 화려한 문화를 일으켰습니다. 그의 가르침의 특징은 인간성의 해방이라는 데에 있습니다. 제우스는 종교가 죄의식에 의하여 인간을 괴롭히는 것을 경계하여, 인간성을 밝고 구김살 없이 키워간다는 데에 주력하였습니다. 그러므로 그리스 신화의 신들은 밝고 즐거운 것입니다.

나아가 지금으로부터 3천2, 3백 년 전에는 이집트에 모세라는 사람이 태어났습니다. 모세는 노예의 아들로 태어나서 갈대배에 실려 강물에 버려졌습니다만, 다행히도 구출되어 왕궁에서 길러졌습니다. 성장하고 나서 자신이 노예의 아들이었음을 안 모세는, 이윽고 수십만이나 되는 백성을 이끌고 홍해를 건너 가나안 땅을 목표로 출애굽出埃及을 합니다.

모세는 신으로부터 여러 가지 계시를 받았습니다만 '모세의 십계'가 유명합니다.

그리고 지금으로부터 2천 년 전에 이 이스라엘 민족 가운데에서 저 예수 그리스도가 나옵니다. 예수는 사랑의 가르침을 설한 다음, 마침내 십자가에 매달아진 뒤에 '부활'이라는 현상을 일으켜 제자들 앞에 나타났던 것입니다. 부활은 물론 영체靈體로서 예수가 물질화하여 나타난 것입니다만, 그는 제자들을 납득시키기 위하여 함께 식사를 해보이기도 하였습니다. 이것이 육체로서의 부활이 아니었음은 그 후 예수가 승천해 간 것을 보아도 분명합니다. 이 예수를 천상에서 지도한 것은 복수複數의 영인靈人들입니다만, 중심인 사랑의 가르침과 신앙론, 부활현상은 헤르메스가 담당하였습니다. 기독교가 후세에 세계종교가 된 이유는, 고대 유대의 재앙신 신앙(야훼 신앙)을 실질적으로 벗어 던지고 사랑의 신(엘 칸타아레)을 믿었기 때문입니다. 하긴 예수를 십자가에 매단 것은 역시 유대의 재앙신입니다만, 그러나 예수를 일개 예언자에서 그리스도(구세주)로 끌어올리고, 후세에 기독교를 로마제국과 유럽에 전파한 것은 헤르메스 계통의 그리스신神들의 힘이 컸다고 할 수 있습니다.

　한편 동양에서는 2천5백 수십 년 전에 석가가 인도에서 불교를 퍼뜨리고, 나아가 중국에서는 공자가 유교를 설했습니다. 이와 같이 법의 씨앗은 세계 각지에 뿌려져서 현대문명을 만들어 온 것입니다.

그리하여 황금의 시대로

이와 같이 우리의 현대문명에 이르기까지 최근 백만 년 가까운 문명사를 돌아보면 몇 가지 공통점이 있음을 알게 됩니다. 그 공통점이란 다음에 드는 다섯 가지입니다.

1. 문명에는 반드시 영고성쇠榮枯盛衰가 있다.
2. 신(또는 부처)은 반드시 각 문명에 대해 위대한 빛의 대지도령을 보냈다.
3. 문명이 전성기를 맞이하여 마지막 빛이 빛나고 있을 무렵에 마魔가 들고 일어나 어두운 상념에너지의 구름으로 인류가 뒤덮이게 되면, 지축의 변화나 대륙의 함몰이라는 대이변이 반드시 일어났다.
4. 새로운 문명은 구舊 문명의 흐름을 계승하면서도 반드시 다

른 가치척도를 추구한다.
5. 그러나 그 어떠한 문명일지라도 인간의 혼수행魂修行을 위하여 전생윤회의 과정에서 필요한 수행의 터였다는 사실에는 변함이 없다.

이들 다섯 가지 공통항을 놓고 현대문명을 생각해 보면, 현재 즉, 20세기 후반은 무 문명의 마지막 무렵, 아틀란티스 문명의 마지막 무렵과 아주 흡사하다고 할 수 있습니다. 그 이유로 과학만능으로서 시대가 기울어져서 유물사고가 만연해 있는 점, 인심이 사나워지고 사회악이 비대화해 있는 점, 세상을 현혹시킬 만한 종교가 나와 있는 한편에는 분별이 있는 종교 지도자도 세계 각지에 나와 있는 점 등을 들 수 있습니다.

과거의 문명이 걸어온 결과와 현대문명의 현상現狀을 보면 이제부터 일어나는 일도 어쩐지 명확해질 것 같습니다. 즉, 현대문명은 하나의 대륙뿐만이 아니라 세계 각지로 퍼져 가는 문명인 까닭에 천재지변이 일어난다고 하면 반드시 세계적인 규모로 발생할 것이라고 말할 수 있습니다. 더구나 그것은 앞으로 수십 년 내에 일어난다는 전망이 강합니다.

위에 서술한 것에 바탕을 두고 예언자처럼 이야기하는 것은 간단합니다. 왜냐하면 나는 앞으로 지구상에 발생할 큰 재해와 인류의 운명을 예측할 수 있기 때문입니다.

그러나 나는 이것만은 말해 두고자 합니다. 즉, 비록 어떠한 대혼란이 일어날지라도 그것은 이 세상의 끝이 아니라는 것입니다. 과거의 문명에도 그러한 사태는 있었고 '세상의 끝인가'하고 생각된 적도 있었습니다만, 인류는 반드시 또 다시 새로운 희망의 낙원을, 그리고 빛으로 넘치는 문명을 이룩해 왔던 것입니다.

인간에게 전생윤회가 있는 것처럼 인류 전체로서 본 경우의 문명에도 전생윤회가 있습니다. 생과 사가 있다는 것입니다. 즉, 지구의 문명은 순환문명입니다. 그러므로 '하나의 끝은 하나의 시작이다'라는 이 말을 분명히 알아주셨으면 합니다.

나의 이 《태양의 법》은 지구 전체가 일단 어둠의 밑바닥으로 가라앉을 시기가 바로 가까이 다가와 있기 때문에 이렇게 9차원 우주계로부터의 계시를 받으면서 쓰고 있는 것입니다. 세계가 어둠에 가라앉을 때 어딘가에 등대의 불빛이 필요한 것입니다. 어딘가에 불법진리의 빛이 필요한 것입니다. 이 《태양의 법》이야말로 떠오르는 불법진리의 태양이며, 새롭게 펼쳐질 문명을 위한 빛입니다.

인류는 수십 년의 대혼란과 황폐 속에서 21세기에 새로운 문명을 개척해 가는 것입니다. 그리하여 그 신문명新文明은 이 아시아 땅에서부터 퍼져 갈 것입니다. 일본에서 동남아시아로, 인도네시아로, 나아가 오세아니아로 퍼져갑니다. 현존하는 몇 개의 대륙은 이윽고 바다 속으로 함몰합니다만, 태평양에는 또 다시 새로운 무 대륙이 부상하여 일대 문명권이 되는 것입니다.

유럽과 미국의 일부도 이윽고는 바다 속으로 함몰하게 되어 있습니다. 그러나 저 아틀란티스 대륙이 이윽고 한층 더 큰 대륙이 되어 떠오르게 됩니다. 그리하여 그 땅에 서기 2천4백 년 무렵 예수 그리스도가 재탄再誕하기로 되어 있습니다. 또한 서기 2천8백 년 무렵에 인도양 위에 새로이 부상하는 '신新 가나 대륙'에 모세가 또 다시 육체를 가지고, 새로운 우주문명을 이루어 가기로 예정되어 있습니다.

본서의 독자 여러분 가운데에는 전생轉生하여 재림하는 예수와 모세의 가르침을 듣는 사람도 나올 것입니다. 그러나 그러한 미래의 문명도 이제부터 이 일본에서 불법진리의 태양을 떠올려야 한다는 것이 전제조건이 되어 있습니다. 세계가 어둠에 가라앉았을 때 일본이 태양이 되어 빛나는 것입니다. 이 시대, 이 일본이라는 나라에 태어난 사람들은 그러한 의미에서 중요한 사명을 가지고 태어난 사람들입니다.

일찍이 라무의 시대, 아가샤의 시대, 혹은 석가의 시대, 예수의 시대에 태어나서 불법진리의 유포를 도왔던 분들이, 지금 일본이라는 나라에 다수 태어나 있습니다. 빛의 보살들이 많이 일본에 태어나 있는 것입니다. 한국의 독자 가운데에도 과거에 불법진리의 유포를 도왔던 분이 반드시 계실 것입니다.

제6장

엘 칸타아레를 향한 길

눈을 떠라

여러분은 한두 번만 지상에 태어난 그런 존재가 아닙니다. 제5장에서 지난 백만 년 정도의 역사를 돌아보았습니다만, 그만큼이나 문명의 흥망이 있었고 그만큼이나 대륙의 부침浮沈이 있었던 것입니다. 각각의 문명 속에 태어났던 인간은 여러분과는 전혀 별개의 인간이겠습니까? 느닷없이 불쑥 솟아나듯 사람들이 나왔던 것이겠습니까?

그렇지는 않습니다. 각각의 문명 속에 살며 아틀란티스 사람이나 무 사람이었던 것은, 실은 다름 아닌 여러분 자신이었던 것입니다. 여러분 자신의 혼 속 깊숙한 곳에 있는 기억의 보고寶庫 속에는 과거 몇십, 몇백의 문명을 전생轉生하였던 기억이 엄연히 남아 있습니다. 영능력靈能力을 가진 특수한 사람에게만 있는 것이 아닙니다. 그것은 모든 사람에게 평등하게 주어져 있는 혼의 기억입니다. 그러나 인간은 영년永年의 전생윤회 과정에서 길러 온 그러한 영지英知를, 육체에 깃들었다는 단지 그 사실만으로 잊어 버렸던 것입니다.

여러분이 자기 자신이라고 생각하는 것은 여러분의 진짜가 아닌 껍데기에 지나지 않습니다. 육체란 혼이 이 세상에서 수행을 쌓기 위한 배나 자동차에 지나지 않은 것입니다. 그러므로 뱃사공이 여러분 자신이고 자동차의 운전사가 여러분 자신이지 배나 자동차는 여러분 자신이 아닙니다.

그러므로 자신의 육체를 조종하고 있는 또 하나의 자기라는 것을 깨우쳐 주셨으면 합니다. 진정한 자기 자신과 만나셨으면 하고 바랍니다.

불과 십 년이나 이십 년이라는 학교교육에서 얻은 지식을 가지고 세계의 모든 것을 알게 되었다는 식으로 생각한다면 당치도 않은 잘못입니다. 스스로가 진정한 자기 자신을 탐구하지 않는다면 도대체 누가 할 일 없이 나서서 그것을 가르쳐 준다는 말입니까? 진정한 자기 자신과 만나기 위해서는 스스로가 진정한 자기란 무엇인가를 탐구할 수밖에 없는 것입니다.

그러면 진정한 자기와 만난다는 것은 어떠한 뜻이겠습니까? 그것은 곧 혼의 진실을 자각하는 일입니다. 그리고 혼의 진실을 자각하기 위해서는 자신의 마음을 철저히 탐구하지 않으면 안됩니다. 스스로 자기 마음을 탐구하지 않고 도대체 누가 그 진실을 가르쳐 준다는 말입니까? 당신 자신이 당신의 진실한 모습을 말하지 못하고 도대체 누가 그것을 말해 주겠습니까? '깨달음'이란 진정한 자기 자신과 만나는 일입니다. 진정한 자기의 진실한 마음을 자기 자신이 말할 수 있어야 합니다. 즉, '이것이 나다'라고 잘라 말할 수 있어야 합니다.

인간의 혼은 부처로부터 갈라져 나온 것이며, 부처의 자기 표현의 예술이라고 해도 좋을 것입니다. 하지만 인간은 창조의 자유와 행동의 자유가 주어졌다고 해서 손오공의 흉내를 내며 한껏 제멋대로 살아왔습니다. 그리고 어느새 어버이인 부처를 잊어버리고, 부처의 마음을 잊어버리고, 자아아욕自我我慾과 번뇌에 휩싸인 채 지상생활을 영위하게 되고 말았던 것입니다. 실재계인 천국보다도 이 지상계에 더 집착을 느끼기 시작하였을 때 인간의 타락은 결정적인 상태가 되었습니다. 그러므로 지상계와 똑같은 욕망과 투쟁의 세계를 저 세상에 만들어 거기가 지옥이 되고 말았던 것입니다.

자기 자신을 안다는 것은 자신이 부처의 자녀임을 안다는 뜻입니다. 부처의 마음을 안다는 것입니다. 그리고 눈을 뜬다는 것은 스스로의 영성靈性을 자각하고 4차원 이후의 실재계 존재에 대해 마음을 연다는 것입니다.

만약 당신이 현재의 자신에게 만족하고, 현재의 인생관에 만족하고 있다면 졸고 있어도 상관없습니다. 그러나 진실로 눈을 뜨고 싶다면, 우선은 자신의 마음을 탐구하는 것부터 시작해야 할 터입니다. 부처의 나라를 찾기 위한 실마리는 거기에 있기 때문입니다.

집착을 끊어라

 자기를 알기 위해서는 자기 자신을 버린다는 것입니다. 진정한 자기를 알기 위해서는 가짜 자기를 버려야 합니다. 즉, 가짜 자기를 알아차리는 것이 가짜 자기를 버리는 첫걸음이 됩니다. 그래서 우선은 가짜 자기라는 것을 열거해 보고자 합니다.

1. 타인에게서 사랑을 빼앗는 자기
 우선은 가짜 자기의 필두^{筆頭}란 타인에게서 사랑을 빼앗는 것만을 생각하는 자기입니다. 근본불께서는 우주를 주셨던 것입니다. 인간의 혼도, 인간의 육체도, 부처로부터 주어진 것입니다. 부처께서는 태양도, 공기도, 물도, 그리고 대지도, 바다도, 동물도, 식물도, 광물도, 그 모든 것을 오로지 주기만 하셨습니다. 그러나 부처는 아무런 보수^{報酬}도 구하고 계시지는 않습니다.

이와 같이 '주시기만 하는' 세계 속에 살고 있으면서 인간은 무슨 까닭에 빼앗는 것만을 생각하는 것일까요? 부처로부터 이만큼의 사랑을 받고 있으면서 도대체 이 이상 더 얼마만큼의 사랑이 주어지면 만족한다는 것일까요?

부처의 사랑을 알지 못하는 사람만이 타인의 사랑을 빼앗는 것입니다. 그러나 빼앗고 싶은 타인의 사랑이란 대체 무엇이겠습니까? 그것은 지나치게 이 세상적이라고 할 수 있는 평가일 것입니다.

이 세상적인 가치판단에 도대체 무슨 의미가 있습니까? 3차원적, 유물론적인 평가를 받았다 한들 도대체 그것이 무슨 소용이 있다는 말입니까? 도대체 얼마만큼이나 자신의 향상에 도움이 된다는 말입니까? 그와 같은 자기 사랑自己愛(자기중심적인 사랑)의 마음은 타인과 자신을 가로막는 벽이 되어, 마침내는 지구 전체에 동물원과 같은 철책을 둘러치게 되는 것입니다. 그러한 것을 왜 모르는 것입니까? 이는 곧 잘못된 집착을 가지고 있기 때문입니다. 그러니까 모르는 것입니다. 집착의 마음을 가지고 있으면 진정한 행복이라는 것을 얻을 수 없는 것입니다.

2. 부처를 믿지 않는 자기

가장 가엾다고 해야 할 것은 부처를 믿지 않는 사람들입니다.

부처가 만드신 세계를 믿지 않는 사람들입니다. 인간이란 우연히 남녀가 성적으로 결합한 결과 태어나서 따로따로 떨어진 개인으로 살고 있다고 생각하는 사람들입니다. 여기에 가장 가엾게 여겨야 할 가짜 자기가 있는 것입니다.

'부처의 구제 따윈 믿을 수 없다, 믿으라고 한다면 확실한 증거를 보여라'라고 하는 사람은 이미 부처라는 존재를 심판하고 있는 것입니다. 부처를 심판할 수 있을 만큼 자기가 위대하다고 우쭐대고 있는 것입니다. 그러나 인간이 지구 탄생 이전부터 인류를 지켜보는 부처의 존재를 증명하기란 불가능합니다. 그 증거를 원한다면, 죽어서 저 세상에 돌아간 뒤에 증거가 제시될 것입니다. 다만 그 때는 이미 거의 모든 것이 늦습니다. 그리고 캄캄한 세계에서 자신의 존재조차 증명할 수 없을 정도의 곤혹에 빠지고 말 것입니다.

3. 정진하지 않는 자기

가짜 자기의 세 번째란 정진하지 않는 자기입니다. 정진하지 않는 자기란 첫째로 게으른 마음이 있는 자기이며, 둘째로 불법 진리를 배우려고 하지 않는 자기이며, 셋째로 타인을 공평하게 보지 않는 자기이며, 넷째로 솔직하지 않은 자기입니다.

부처는 인간에게 영원한 노력을 기대하고 있습니다. 그러므로 노력을 하지 않는 인간은 부처의 자녀라고 할 수 없습니다.

당신은 매일 노력하고 있습니까? 매일 불법진리 공부에 깊이를 더하고 있습니까? 타인의 실력, 타인의 진가를 제대로 평가해 주고 있습니까? 그리고 또 솔직하게 살고 있습니까? 솔직하지 않은 인간에게는 향상 따윈 없습니다. 솔직하지 않은 인간은 진정한 혼의 학습 따윈 할 수 없습니다. 솔직하다는 것은 그 자체가 미덕이며, 그 자체가 부처의 마음에 들어맞는 것입니다. 그러므로 이유만을 대면서 타인이 하는 말에 귀를 기울이지 않는 것은 솔직하지 않다는 증거입니다.

4. 집착 투성이의 자기

가짜 자기란 곧 집착투성이의 자기라는 것입니다. 진실한 자기를 안다는 것은 나날이 부처의 마음을 자기의 마음으로 삼고 산다는 뜻입니다. 그리고 부처의 마음을 자기의 마음으로 삼고 산다는 것은 '이 세상이 수행을 위한 임시의 세상이며, 모든 것을 버리고 이윽고 저 세상으로 돌아가지 않으면 안된다'라는 것을 알고 나날을 산다는 뜻입니다. 비록 이 세상에 제아무리 달라붙어 매달려 있어 봐야 이윽고 반드시 저 세상으로 여행을 떠나야 한다는 것입니다.

인생은 무상한 것이며, 일일일생一日一生의 다짐으로 살아가지 않으면 언제 어느 때 죽음과 마주칠지 모르는 것입니다. 천국에 있는 사람 중에서 지상에 집착을 가진 사람 따위는 한 사람도 없습니다. 그러나 지옥에 있는 사람은 모두 지상에 집착을 가지고 있습니다. 그 사실을 한시도 잊지 말아야 할 것입니다.

달아오르는 철과 같이
빨갛게 불타오르라

　집착을 끊는 것은 인생에서 일대 결심이라고 할 수 있습니다. 즉, 영원한 인생에서 행복을 보증하는 영단英斷(뛰어난 결단)입니다. 그러나 이것은 '인생을 소극적으로 살아라, 등을 돌리고 살아라'라는 의미는 결코 아닙니다. 집착을 끊기 때문에 적극적이고 과감한 인생이 개척되는 것입니다.

　세상 사람들을 잘 보십시오. 집착이 있는 사람들이란 이 얼마나 나약합니까? 왜 자신의 지위나 명예, 또는 타인과 비교한 연수入年收入 등에 집착을 하는 것입니까? 왜 학교의 이름이나 회사의 이름에 집착하는 것입니까? 왜 겉치레와 허영에 집착을 하는 것입니까? 그런 것에 집착하여 도대체 어떻게 된다는 말입니까? 이 세상 사람들에게 평가받은들 도대체 그것이 무슨 소용이 있단 말입니까? 아득한 저편 대우주의 끝보다도 더 위대한 근본불이라는 존재가 본다면, 인간의 집착 따위가 얼마나 덧없고, 얼마나 허무하고, 얼마나 하찮은 것입니까? 그것을 알겠습니까?

  모든 이 세상의 집착을 끊고 달아오르는 철처럼 빨갛고 뜨겁게 불타올라야만 진실한 인생이 되는 것입니다. 그렇게 살아야만 부처의 자녀로서의 인생이 되는 것입니다. 그렇게 살아야만 부처에게 인정받는 인생이라고 할 수 있지 않겠습니까?

  인간이 이 세상에서 쌓은 지위도 명예도 재산도 죽어서 저 세상으로 가지고 돌아갈 수는 없습니다. 이 세상의 직함 따위는 저 세상에서는 물론 통하지 않습니다. 한 나라의 수상이라고 불리던 사람들이 도대체 몇 사람이나 저 세상의 지옥에서 괴로워하고 있는지 여러분은 알고 있습니까? 사람들이 부러워마지 않던 대기업의 사장이 몇백 명, 몇천 명이고 색정지옥色情地獄, 아수라지옥阿修羅地獄 또는 축생도畜生道에 떨어져 있습니다. 그것을 여러분은 알고 있습니까? 살아 있었을 때 돈벌이에만 능숙하여 수많은 여성과 쾌락을 탐하던 인간이, 쾌락 속에 인생을 마친 인간이, 불과 수십 년의 그런 쾌락 때문에 도대체 몇백 년 동안 괴로움이란 이름의 대가를 치르고 있는지 여러분은 알고 있습니까? 지옥은 옛날 이야기에 나오는 것이 아니라 실제로 있는 것입니다. 엄연히 존재하는 것입니다.

불법진리를 체득한 사람의 눈으로 보면 저 세상에서 괴로워하는 사람들의 모습은 어항 속의 금붕어를 보는 것보다도 쉽게 볼 수 있습니다. 그리고 그러한 그들에게 공통적인 것은 이 세상에 집착이 많은 사람일수록 괴로움도 또한 깊다는 것입니다.

인간은 마음입니다. 혼魂입니다. 그러므로 죽어서 저 세상에 가지고 돌아갈 수 있는 것은 여러분 자신의 마음 이외에는 없는 것입니다. 마음이 전부입니다. 죽어서 저 세상에 가지고 돌아갈 수 있는 것은 '마음'밖에 없다고 알아차려야 비로소 인간은 올바로 바뀔 수가 있는 것입니다.

마음밖에 가지고 돌아갈 수 없다면 적어도 아름다운 마음을 가지고 돌아갈 수밖에 없을 것입니다. 그러면 아름다운 마음이란 어떠한 것이겠습니까? 물론 부처가 칭찬해 주실 만한 마음입니다. 부처가 칭찬해 주시는 마음이란 사랑으로 가득한 마음입니다. 주는 마음, 살리는 마음, 용서하는 마음, 감사하는 마음입니다. 그러므로 그러한 마음을 가지고 돌아갈 수 있도록 마음을 닦고 마음을 높이는 일에 달아오르는 철과 같이 빨갛게 불타올라야 하지 않겠습니까?

집착의 반대는 무엇이라고 생각합니까? 그것은 사랑입니다. 왜냐하면 사랑이란 주는 것이기 때문입니다. 타인을 살리기 위하여 끊임없이 주는 사랑 속에 도대체 무슨 집착이 있다는 말입니까?

　그러므로 집착을 끊기 위해서는 우선은 사랑을 주는 것부터 시작해야 합니다. 당신은 보살펴 주신 부모님께 무엇을 해드렸습니까? 형제에게 무엇을 해주었습니까? 또한 신세를 진 선생님의 기대에 답할 수가 있었습니까? 친구에게 무엇을 하였습니까? 인연이 있어서 인생의 도상에서 만난 사람들에게 대체 무엇을 해주었습니까? 이웃에게 무엇을 해주었습니까? 연인에게 무엇을 해주었습니까? 아내와 남편에게 무엇을 해주었습니까? 또는 자녀를 기를 때, 자신의 부모님의 노고를 얼마나 생각해낼 수 있었습니까? 마음속에서 미워하던 사람을 용서해 줄 수 있었습니까? 화를 내던 마음을 차분하게 만들어 주었습니까? 부처의 사랑에 얼마나 보답하며 용기 있게 인생을 걸었습니까?

인생은 나날의 승부이니라

이 세상의 집착을 떠나 마음을 열어젖히고 부처의 자녀로서 살아갈 것을 맹세하였을 때, 여러분은 대체 무엇을 하면 좋겠습니까?

여러분이 해야 할 일은 산에 틀어박히거나 폭포행(瀑布行)[49]을 하거나 혹은 단식을 하거나 좌선만을 하며 나날을 보내는 것일 리가 없을 것입니다. 인간은 산에 파묻혀 살기 위하여 태어난 것이 아닙니다. 인간은 단식을 하기 위하여 태어난 것도 아닙니다. 그러한 것을 가지고는 깨달을 수 없다는 것을 2천5백 년 전에 인도의 석가가 증명하지 않았습니까? 그의 인생을 헛되이 하지 않기 위해서도 그러한 육체적인 고행 가운데에 깨달음의 인(因)은 없다는 것을 여러분은 알아야 하는 것입니다.

육체를 극단적으로 쾌락 속에 푹 담근 생활 속에도, 육체를 극단적으로 학대하는 육체적인 고행 속에도 진정한 깨달음의 인因은 없습니다. 이들 좌우의 양극단을 버린 중도의 생활이야말로 부처께서 기대하고 계시는 생활입니다.

인간이 마음이고 혼이라고 해서 육체를 소홀히 하라는 것은 물론 아닙니다. 육체란 인생수행을 하기 위해 부모와의 인연에 의하여 부처로부터 받은 소중한 승물乘物입니다.

돈을 내기만 하면 간단히 살 수 있는 자동차조차 '아끼는 자동차'라고 하면서 매일 반짝반짝하게 닦아 윤을 내는 사람이 있습니다. 그러나 자동차를 소중히 할 정도라면 자신의 몸을 더욱 더 소중히 여겨, 건강을 위하여 적절한 운동과 균형이 잡힌 영양을 생각하고 유지해 두어야 할 것입니다. 그리고 수면을 충분히 취하고, 규칙적인 생활을 해야 합니다. 또한 인간의 이성과 지성을 뒤틀리게 하는 알코올 따위에 혼까지 빼앗기지 말아야 합니다. 알코올 없이 살아갈 수 없게 된다면, 이윽고 인간은 이성을 잃고 지옥의 악마들에게 육체가 지배되어 육체를 내주고 맙니다. 그것이 반드시 일의 실패나 가정의 붕괴로 이어지는 것입니다.

좌우의 양극단을 떠나서 중도의 생활에 들어야 한다고 말로 하기는 간단합니다만, 그것을 실천하기란 매우 어려운 일입니다. 중도의 길이란 생각하면 생각할수록 깊이가 있는 길입니다.

그러면 어떻게 하면 중도의 생활에 들 수가 있겠습니까? 어떻게 하면 그 척도를 손에 넣을 수가 있겠습니까? 사람들의 그 다음 의문은 여기에 있습니다.

 중도의 길에 들기 위해서는, 우선은 두 가지 척도가 필요합니다. 하나는 말할 것도 없이 팔정도를 중심으로 한 자기반성自己反省의 척도입니다. 또 하나는 사랑의 발전단계설을 기축으로 한 자기관조自己觀照의 척도입니다. 이 두 가지를 척도로 하여 살아 주셨으면 합니다.

 팔정도란 올바르게 보고, 올바르게 생각하고, 올바르게 말하고, 올바르게 행위를 하고, 올바르게 생활을 하고, 올바르게 정진하고, 올바르게 염念하고, 올바르게 정定에 들어야 한다는 가르침입니다. 이것은 '올바름'이라는 것을 기준으로 하여 자신의 마음과 행위의 양극단적인 흔들림을 수정하여 중도를 발견하기 위한 방법이라고 할 수 있습니다. 즉, 중도 가운데에 있어야만 타인과 사이좋게 살 수 있으며, 대조화大調和의 생활을 할 수 있기 때문입니다. 그러나 올바름을 기준으로 하면서 자기 반성만을 하는 것이, 소극적이고 염세적인 인생으로 빠지는 위험은 자계自戒하지 않으면 안됩니다. 즉, 반성에 너무 얽매이면 인생은 앞으로 나아가지 않게 될 수도 있기 때문입니다.

자기 자신을 확실히 반성할 수 있게 되었다면 다음은 그것을 어떻게 마음으로, 어떻게 행위로 나타내느냐 하는 것입니다. 즉 그것은 감사행感謝行 (감사의 행위)이라는 것이 됩니다. 그러면 감사행이란 어떠한 것이겠습니까?

　사람들에게 '고맙다'라고 말하는 것입니까? 확실히 그것도 한 가지입니다. 그러나 진정한 감사행이란 보다 더 적극적입니다. 즉, '당신은 타인에게 대체 무엇을 해주었는가?'에 진정한 감사행이 있습니다.

　그것은 역시 사랑입니다. 주는 사랑입니다. 끊임없이 주는 사랑입니다. 무상無償의 사랑을 실천하는 일입니다. 이것이 진정한 감사행의 모습이라고 할 수 있습니다. 그래서 때때로 자기 자신이 지금 '사랑하는 사랑'의 단계에 있는지, '용서하는 사랑'의 단계에 있는지, 아니면 '존재의 사랑'의 단계에 들었는지를 자문자답해 봅니다. 즉, 스스로의 성장을 자기 관조自己觀照해 보는 것이 필요합니다. 왜냐하면 사랑의 발전단계는 당신의 성장에 대한 확실한 지표이며, 거기에 나날의 진보가 있기 때문입니다.

　'반성'과 '진보'. 이 두 가지 척도가 부처의 자녀로서 진정한 인생을 산다는 증거입니다. 그러므로 나날이 반성하여 스스로의 극단적인 생각과 행동을 자계하고, 나날이 자기 관조하여 스스로의 진보를 돌아보지 않으면 안됩니다. 그렇게 할 때 비로소 인간은 인생에서 나날의 승부에 승리하고 있다고 할 수 있는 것입니다.

---

49) 폭포행 : 폭포 밑에 좌선하여, 폭포수를 맞으며 깨달아 보겠다는 육체수행. 마음의 가르침을 배우는 일없이 이러한 육체수행을 하여도 진정한 깨달음을 얻을 수 없고, 오히려 동물령이나 악령에게 빙의 당하기 쉽다.

반짝이는 인생

　인생에는 '반성'과 '진보'가 필요합니다. 그러나 단지 그것만으로는 너무 무미건조하다고 나는 생각합니다. 인생에는 역시 '반짝임'이 중요하기 때문입니다. 그러면 그 반짝임이란 어떠한 것이겠습니까? 대체 무엇이겠습니까? 그 점에 대해 생각해 보고자 합니다.

　반짝임이란 빛이 그 광채를 발하는 순간입니다. 그리고 그 반짝임의 순간에도 나는 세 가지 순간이 있다고 생각합니다. 여기서 이 세 가지 순간에 대해 이야기해 보겠습니다.

　첫 번째 순간이란 병에서 회복되었을 때입니다. 병은 인생에서 시련의 시기라고 할 수 있습니다. 이 시련과 어떻게 싸우느냐에 의하여 그 사람의 인간성이 시험되는 것입니다. 병은 두 가지 의미에서 시련이라고 할 수 있습니다. 그 하나는 육체적인 괴로움이 수반된다는 점입니다. 그리고 또 하나는 정신적인 괴로움이 있습니다.

우선은 육체적인 괴로움에 대해서입니다만, 그것이 생기는 이유는 대개의 경우 규칙적인 생활을 하고 있지 않다든지, 과로나 아니면 본인의 생각念에 무언가 문제가 있다든지 하는 경우입니다. 그러므로 병으로 괴로워하는 사람은 그 육체와 마찬가지로 그 마음도 병들어 있다는 것을 알아차려야 합니다. 그리고 육체가 괴로워하고 있는 이유를 잘 반성해야 합니다.

병의 80%까지는 무언가의 빙의령憑依靈에게 빙의된 상태를 일으키고 있으며, 죽은 자의 영이 타인의 육체를 이용하여 본인과 똑같이 비지땀을 흘리며 괴로워하는 경우가 많다고 할 수 있습니다. 그 증거로 빙의령을 떼어낸 순간, 순식간에 열이 내리고 환자의 심신이 다 상쾌해져 회복된다는 경우가 있습니다. 이것은 바로 육체가 얼마만큼이나 영적靈的인 영향을 받고 있는가 하는 증거입니다.

빙의령이 가장 싫어하는 것은 반성과 감사입니다. 왜냐하면 병에 걸린 본인이 반성과 감사를 하기 시작하면 그 후두부에서 후광後光이 비치기 시작하기 때문에, 차츰 빙의령과 파장이 맞지 않게 되어서 붙어 있을 수 없게 되기 때문입니다. 이 후광을 보다 더 강하게 내기 위해서는 본인의 정신적인 괴로움을 해결해 가지 않으면 안됩니다.

정신적인 괴로움을 해결하기 위해서는 먼저 자기 자신이 가지고 있는 집착을 하나씩 점검하여 이것을 제거해 가야 합니다. 환자에 대해 이렇게 말하는 것은 조금 조심스럽습니다만, 집착을 끊고 언제 죽어도 좋을만한 심경이 되었을 때 비로소 저 세상의 수호령과 지도령의 힘으로 불법진리의 빛이 들어오기 시작하여 병은 급속히 회복되어 갑니다. 이것이 바로 기적의 순간입니다. 이와 같이 병에서 다시 회복되는 기적의 순간을 체험한 사람은 일대 회심－大廻心을 하고 일대 신생－大新生을 이루었다고 할 수 있습니다. 그리하여 이 반짝임은 본인만의 것이 아니라 다른 사람들도 비추는 마음의 빛이 될 것입니다.

반짝임의 두 번째 순간은 신앙에 눈떴을 때입니다. 신앙이 없는 인생과 신앙이 있는 인생과는, 예를 들면 어두운 밤에 손으로 더듬어 인생을 사는 사람과 칸델라를 밝히며 사는 사람만큼의 차이가 있습니다.

이 3차원은 물질중심의 세계입니다만, 물질에만 마음이 빼앗겨 유물주의를 진리라고 생각하게 되면 점점 쾌락만을 추구하거나 투쟁에만 열중하게 되어 갑니다. 즉, 부처의 눈을 잊은 인간,

가장 가엾다고 해야 할 인간이 됩니다. 신앙은 밤길을 밝히는 한 줄기 빛입니다. 이 빛에 의하여서만 실재계에 대해 장님인 인간이 비로소 눈을 뜨게 되는 것입니다.

　반짝임의 세 번째 순간은 '영언현상靈言現象' 등의 영적 계시를 얻었을 때입니다. '영언현상'이란 스스로의 마음의 빗장이 열려서 잠재의식층의 수호령, 지도령의 말이 전해지게 되는 것을 말합니다.
　일부 영능력 계통의 종교에서 행하는 '영도현상靈道現像'이 선인仙人들의 영적인 장난에 지나지 않아, 실없는 말을 입 밖에 내어 99%의 사람이 사후事後에 인격파탄을 일으켰던 것에 대해, 행복의 과학의 '영언현상'은 깨달음을 얻은 사람만의 고급령 현상이며, 영언 속에 고도의 법을 내포하는 것이 특징입니다. 따라서 고급령들로부터 가르침을 받음과 동시에, 그들로부터 계속 수호를 받고 있는 것입니다. 더군다나 법을 배우는 과정에서 그것을 자기 자신의 체험으로 삼을 수 있는 것입니다. 실로 멋진 일입니다. 이리하여 고급령의 영언을 직접적 또는 간접적으로 체험할 수 있는 것은 인생이 반짝이는 세 번째 순간이라고 할 수 있습니다.

다이아몬드의 시간

　인생을 힘차게 살기 위해서는 유한한 시간을 올바르게 사용할 필요가 있습니다. 인간의 혼이 지상에 다시 태어나는 것은 몇백 년에 한 번, 혹은 몇천 년에 한 번입니다. 즉, 그만큼 귀중한 체험입니다. 그럼에도 불구하고 대다수의 사람들은 인생의 의미를 깊이 추구하는 일도 없이 무위無爲의 시간을 보냅니다. 안타까운 일입니다.
　만년晩年이 된 다음에 부처의 존재를 알아차리고 신앙심에 눈떠서 다시 해보고 싶다고 바라도, 지나간 인생의 시간은 화살과 같고 흘러가는 강물과 같아 이미 돌이킬 수가 없습니다.
　그러므로 인생의 이른 시기에 불법진리에 눈뜬 사람은 행복합니다. 그리고 일생을 불법진리에 따라 살 수 있다면 최고라고 할 수 있습니다. 물론 늦게 불법진리와 만났다고 해서 그것으로 모든 것이 다 소용없게 되는 것은 아닙니다. 늦게 눈뜬 사람은 그 나름의 각오를 가지고 밀도 있게 살면 그것은 그것으로 훌륭한 인생이 되어 갈 것입니다.

인생에는 한 가지 비결이 있습니다. 그것은 자신이 죽을 때의 일을 명상해 본다는 것입니다. 자신이 죽을 때 무엇을 생각하고 무엇을 느낄 것인지를 평소에 늘 명상해 보는 것입니다. 그러할 때 '살기를 잘하였다', '인생이란 참으로 멋있구나'하고 생각할 수 있는 사람은 행복한 인생을 산 사람이라고 할 수 있습니다.

그 반대로, 자신이 죽을 때의 일을 생각하면 후회만이 잇달아 솟아나는 사람들도 있습니다. 딱한 사람입니다. 이러한 사람들은 죽어서 저 세상에 돌아가면 고급령의 면전에서 자신의 일생을 반성하지 않으면 안되게 되어 있습니다. TV라도 보는 것처럼 참으로 선명하게 자기 자신의 인생이 거기에 비춰져, 많은 사람들의 눈앞에서 보게 됩니다.

죽어서 저 세상에 막 돌아간 사람은 '부처의 눈으로 본다면 자신이 대체 어떠한 인간이었나'를 분명히 알게 되는 것입니다. 이 때는 무엇 하나 거짓말도 변명도 통하지 않습니다. 그리고 많은 사람들의 시선을 느끼고, 자기 자신이 가야 할 곳을 깨닫게 되는 것입니다. 지옥에 갈 사람은 스스로가 선택하여 지옥으로 떨어져 갑니다. 그 이유는 자기 자신이 어떠한 인간인가를 알면 부끄러워서 천국에서는 살 수 없기 때문입니다. 물리학적으로 말하면 영적인 파장이 조잡하여 다른 사람들의 정묘精妙한 파장과 맞지 않는다는 것입니다. 혹은, 또 의식체가 3차원적이고 물질적인 것이 되어서, 그 비중이 무거워 아래로 가라앉고 마는 것이기도 합니다.

그러나 죽은 다음에 실재계에서 자신의 인생의 영상이 비춰질 때, 다른 사람들로부터 박수를 받는 사람도 있습니다. 즉, 그 사람이 자신의 인생의 잘못을 알아차리고 부처께 두 손을 모아 용서를 빌며 두 눈에서 눈물이 흐르는 영상이 비춰질 때 저 세상 사람들은 박수갈채를 하고, 신참新參인 그 영인靈人의 어깨를 두드리며 악수를 청해오는 것입니다. 또한 그 사람이 불법진리의 전도를 위하여 자신의 목숨을 던지고 일어선 모습이 비춰지면 빛의 보살들은 눈물을 흘리며 기뻐합니다.

이것은 몇 년 혹은 몇십 년 뒤일지는 모르겠습니다만, 여러분을 기다리는 광경입니다. 그 때가 분명히 찾아옵니다. 그렇기 때문에 여러분은 늘 자기 자신이 죽을 때의 일을, 아니 오히려 비록 내일 목숨이 없어져도 좋을 만한 인생을 살고 있는지 아닌지를 자문自問하면서 살아가는 것이 중요합니다.

죽을 때 지금과 같은 삶으로 당신은 부끄럽지 않습니까? 후회는 남지 않습니까? 자신의 양심에 비추어 보아 어떻습니까?

인생의 시간을 다이아몬드와 같이 빛나게 하기 위해서는 이러한 의식과 발상의 전환이 필요하다고 할 수 있습니다. 즉, 자신이 죽는 순간을 상정하여 현재까지의 자신의 삶을 반성해 보는 것입니다. 이것은 선의善意의 제삼자第三者의 입장에 서서 반성한다는 것과 똑같은 일이라고 할 수 있습니다. 그리고 이것이 다이아몬드의 시간을 사는 비결입니다. 밀도가 높은 반짝임이 있는 인생을 사는 비결입니다.

꿈을 품어라

 인생에는 꿈이 필요합니다. 꿈이 없는 인생에는 희망이 없습니다. 스스로가 만든 악을 반성하고, 선념善念을 되찾는 것은 물론 중요합니다. 그러나 여러분의 인생이란 마이너스를 제로로 하는 '플러스, 마이너스, 제로(더하고 빼서 부채도 이익도 없게 한다는 뜻)'인 인생만으로는 어딘가 부족하지 않겠습니까?
 꿈을 품는다는 것은 가능한 한 멋진 인생의 설계를 한다는 뜻입니다. 예를 들어 건물을 지을 때에는 설계사가 도면을 만들고, 그것을 보고 목수가 멋진 집을 지어줍니다. 그러나 여러분의 인생의 설계사란 다름 아닌 여러분 자신입니다. 그러므로 여러분 자신이 훌륭한 설계를 하지 않으면 완성된 건물은 엉망이 되어 버립니다. 집을 지을 때에는 그토록 설계도에 신경을 쓰면서도 자기 자신의 인생의 경우에는 왜 설계도를 만들지 않는 것입니까? 그만큼 무턱대고 인생을 살고 있다는 뜻입니다. 아무렇게나 되는대로 인생을 사는 사람이 너무나도 많다는 뜻입니다.

그런데 설계도라고 해도 그렇게 어렵게 생각할 필요는 없습니다. 중요한 것은 어떻게 꿈을 품는가, 꿈을 그리는가 하는 것입니다. 꿈을 품고 있는 사람과 그렇지 않은 사람과는, 인생을 사는 자신自信이 전혀 다릅니다. 타인에 대한 설득력이 다릅니다.

꿈을 품고 있는 사람과 만난 날은 하루 종일 매우 행복한 기분이 들 것입니다. '어디, 나도 한 번 해보자'하는 마음이 일어남과 동시에 '어디, 이 남자를 도와주자'하는 마음이 들게 될 것입니다.

'꿈을 품는다'는 것 속에는 사람을 취하게 만드는 무언가가 있습니다. 지금까지 세상에 나와 후세에 남을 만한 위업을 이룬 사람 중에서 꿈을 품지 않았던 사람은 아마 한 사람도 없었을 것으로 생각됩니다. 인간으로 태어나서 이 세상에서 사는 이상, 크게 살아보려는 기개는 대단히 중요합니다. 도롱이 벌레처럼 조그맣게 되어 있다고 해서 그것이 겸허한 것은 아닙니다.

겸허함이란 스스로가 크게 되어가려고 하는 과정에서야말로 필요하다고 할 수 있습니다. 스스로가 자신만만하게 살고 있기 때문에 겸허함이라는 것이 필요합니다. 겸허함이란 곧 브레이크입니다. 그러나 브레이크만으로는 자동차는 앞으로 나아가지 않습니다. 자동차가 앞으로 나아가기 위하여 가장 중요한 것은 액셀입니다. 액셀이 없으면 자동차는 그 기능을 다하지 못합니다. 그리고 브레이크는 주의를 위하여 있습니다. 폭주하지 않도록 사고방지를 위하여 브레이크가 있는 것입니다.

나는 지옥에 떨어지는 것에 대한 경고를 상당히 많이 해왔습니다. 그러나 지옥에 떨어지는 것을 두려워하여 매일매일 염불만 외우고 아멘만 읊고 있어도 그 사람은 전혀 훌륭해지지는 않을 터입니다. 액셀을 밟지 않으면 안됩니다. 스피드가 너무 난다고 생각하면 브레이크를 밟아야 합니다. 그것을 위하여 브레이크가 있는 것입니다. 그러나 언제나 미래 지향적으로 향상을 목표로 하는 인생이라면, 브레이크가 고장이 나 있지 않다는 것만을 확인해 두면 될 것입니다. 잘못하였다면 곧 반성하여 궤도수정을 할 수 있는 자기 자신임을 날마다 점검할 수 있다면 과감하게 액셀을 밟아 가야 합니다. 그것이 꿈을 품고 그 꿈을 실현하여 간다는 뜻입니다.

꿈을 품는 효용은 단지 설계도를 만드는 것만은 아닙니다. 거기에는 한 가지 신비한 작용이 있습니다. 꿈이란 '지속하는 마음의 비전vision'입니다. 그것은 반드시 저 세상, 곧 실재계의 수호령이나 지도령들과 통합니다. 실재계의 수호령과 지도령들도 늘 '어떻게 해서 지상계 사람들을 수호하고 지도할까'하고 골머리를 앓고 있습니다. 그런데 지상생활을 하는 사람들은 이 사람도 저 사람도 다 물거품과 같은 생각想만이 마음에 오가기만 할 뿐 아무런 확실한 인생 지침도 가지고 있지 않습니다. 자신은 어떻게 살고 싶은가에 대해서도 확고한 것을 가지고 있지 않은 것입니다.

이러한 사람에 대해 도대체 어떻게 수호와 지도가 가능하겠습니까? 살아 있는 인간을 근본부터 철저히 가르친다는 것은 이 세상 인간의 주체성을 잃게 만드는 일입니다. 저 세상의 수호령과 지도령이 해도 좋은 것이 있다면, 살아 있는 인간에게 영감을 주는 일 정도입니다. 보통은 그것이 전부입니다.

그러나 확고한 꿈을 품은 사람이라면 그 사람의 꿈을 어떻게 하면 실현할 수 있는지를 수호령과 지도령은 생각하고 있으면 될 것이며, 그에 따른 영감을 주면 되는 것입니다. 그러므로 확고한 꿈을 품고 꿈을 그리고 있기만 하면, 저 세상의 수호령과 지도령들의 원조를 받아 실현될 가능성이 높다고 할 수 있습니다.

사실을 말하면 이것이 진정한 의미에서의 자기 실현自己實現입니다. 즉, 자기 실현을 위해서는 무엇보다도 꿈을 가져야 합니다. 그리고 나서 그것을 비전화vision化하여, 기도에 의하여 수호령과 지도령에게 부탁하고, 이윽고 구체화한다는 과정을 밟는 것입니다. 자기 자신이 품은 꿈이 자기 자신의 인격 향상과 다른 사람들의 행복으로 이어질 필요가 있는 것은 당연합니다.

황금의 용기를 가져라

　용기 - 이 말을 들으면 가슴이 고동치는 것은 나 혼자만이겠습니까? 용기라는 말을 들으면 나는 큰 나무 속으로 박혀 들어가는 도끼가 생각납니다. 쿵, 쿵하고 이른 아침에 숲 속에 메아리치는 저 용맹스러운 생명의 고동을 듣는 것과 같은 기분이 듭니다. '이 용기라는 이름의 도끼가 있기 때문에 인간은 인생의 고난이라는 이름의 큰 나무를 베어 쓰러뜨릴 수 있는 것이다'라고 나는 생각합니다.
　그러므로 인생에서 좌절할 것처럼 되었을 때에는 자신에게는 용기라는 도끼가 있다는 것을 부디 상기해 주었으면 합니다. 자신이 정말로 비참하게 꺾여 버렸을 때에는 '부처는 여러분에게 용기라는 이름의 도끼를 주셨다'는 것을 생각해 내었으면 합니다.

인간은 육체를 가지고 태어나면 맹목盲目입니다. 즉, 스스로의 오관五官만을 의지하여, 손으로 더듬어 살아가지 않으면 안되기 때문입니다. 그렇기 때문에 부처는 '운명의 숲을 개척해가라'고 여러분이 태어날 때 용기라는 도끼를 주셨던 것입니다. 그러므로 여러분은 누구나 다 이 도끼를 허리에 차고 있습니다. 왜 그것을 알아차리지 못하는 것입니까? '괴롭다'고 하면서 타인에게 그 해결을 부탁하고 다니기 전에, '슬프다, 슬프다'라고 하면서 타인에게 동정을 구하고 다니기 전에, 왜 용기의 도끼로 자신을 얽어매고 있는 운명의 실을 끊어버리지 않는 것입니까?

선禪의 공안公案 가운데 '대역량인大力量人'이라는 이야기가 있습니다. 이것은 중국의 무문혜개無門慧開 (1183년~1260년) 스님의 편저編著인 《무문관無門關》이라는 책에 수록된 전全 48칙則의 공안 중 제20칙에 있는 이야기입니다.

"송원松源 스님 말하길, 대역량大力量의 사람이 무슨 까닭인지 다리를 들어 올리지 않느니라. 또 말하길, 입을 여는 것이 혀 끝 위에 있지 않느니라".

"무문無門 가라사대, 송원은 의당 말하리니, 창자를 기울여 배를 쓰러뜨리면 이는 다만 타인이 따라하지 못하리라. 설령 당장 따라한다 해도 실로 좋으나, 무문이 곁으로 오면 통봉痛棒을 맞으리

라. 무슨 까닭인고, 니^聻50). 진금眞金을 알고 싶거든 불 속을 보라".

"송頌에게 가라사대, 다리를 들어내려 밟는 향수해香水海, 머리를 숙여 엎드려보는 사선천四禪天. 일개一箇의 혼신渾身 둘 만한 곳 없느니라. 청하건대 한 귀一句를 이어 보라".

이 공안의 의미는 결국 다음과 같은 뜻입니다. '인간이란 스스로가 대역량인임을 잊고 이 세상의 상식, 세간의 눈, 의사의 말 등을 듣고 최면술이 걸린 것처럼 되어, 자신을 언제 고장이 날지 모르는 유물적인 육체인간이라고 생각하고 있다. 그러나 진정한 자기란 부처의 자녀이며 무한한 힘을 가지고 있는 것이다. 보라, 선정禪定에 의하여 해탈을 하였다면 자기 자신의 진정한 모습, 영체靈體는 지구까지도 눈 아래 내려다볼 만한 거인이 되어, 고차원 대우주의 웅덩이인 이 3차원 우주의 은하성운(향수해) 따위는 다리를 들어 올렸다가 내리밟으면 물보라가 되어 흩날려 버리고, 여래계나 보살계와 대비되는 6차원 이하의 인간적인 깨달음의 세계(사선천四禪天) 따윈 고개를 숙이고 내려다보지 않으면 안될 만큼 아득한 저 아래의 세계인 것이다'.

어쩐지 이 무문 스님이라 불리는 분은 여래계의 깨달음을 얻었던 사람인 것 같습니다. 여래계의 깨달음을 얻으면 인간은 자신의 진정한 모습이 다섯 척尺 육체에 깃들인 그러한 조그마한 영

혼이 아니라, 우주 크기로 전개되는 에너지체라는 것을 알게 됩니다. 그리하여 선정禪定하고 있을 때 자신의 몸이 자꾸자꾸 커져서, 지구를 아득히 눈 아래 내려다보게 되는 체험을 합니다.

본래 인간이라는 존재는 그러한 대역량인, 즉, 자유자재, 융통무애融通無碍한 존재입니다. 그 인간이 3차원적 감각에 얽매여서, 혹은 학교교육이나 세상의 상식에 사로잡혀서 '영 따윈 없다', '저 세상 따윈 없다'고 굳게 믿고 스스로의 손발을 묶어두는 것입니다. 그리고 병에 걸리면 걸린 대로 '죽고 싶지 않다, 죽고 싶지 않다'하는 말만 되풀이하게 되는 가엾다고 해야 할 조그만 존재가 되어 있는 것입니다.

황금의 용기를 불러일으키고 황금의 도끼를 들어올려, 미망迷妄이라는 이름의 큰 나무를 베어 쓰러뜨려야 합니다. 힘차게 도끼를 찍어야 합니다. 스스로의 고민, 괴로움, 또는 운명의 굴레에 대해 용기를 가지고 이겨가야 합니다. 그리고 황금의 용기를 내어 자기 자신을 얽어매는 운명의 실을 잘라야 합니다.

용기란 소중한 것입니다. 그리고 용기를 불러 일으켰을 때 인간은 자신이 대역량인임을 알아차리게 됩니다. 그러나 일단 자신이 대역량인임을 깨닫고 병상에서 일어나 힘찬 인생을 살기 시작한 사람일지라도, 혹은 유물사상의 미망을 끊고 진리에 눈뜬 사람일지라도, 이 3차원 물질계의 파동을 끊임없이 받고 3차원 인간의 유혹에 빠지기 시작하면 점점 기력이 약해질 때가 찾아옵니다.

그러나 그때야말로 이를 악물고 버텨내야 할 때입니다. 마라톤에서도 똑같습니다. 도중에 포기하고 싶어질 만큼 괴로운 때가 반드시 찾아옵니다. 그러할 때 그 자리에서 포기해 버리면 누구나 다 승리의 찬스를 잃고 맙니다. 즉, 그 경기에서 완주完走가 있을 수 없게 되는 것입니다.

그러나 그 괴로운 기간을 지나면 왠지 발걸음이 가벼워져서 마지막까지 계속 달릴 수가 있습니다. 그러한 불가사의함을 경험한 사람은 많이 있을 것입니다. 수영도 마찬가지입니다. 숨이 차서 헤엄치는 것을 그만두고 싶어졌을 때 '질 수야 있나'하고 이를 악물고 계속 헤엄쳐 가면 이윽고 자신의 몸이 물과 일체가 되어 파도처럼 계속 헤엄쳐갈 수가 있습니다.

물론 인생은 마라톤이나 수영과는 다릅니다. 그러나 똑같이 괴로워도 참고 견뎌야 할 시기가 있습니다. 그리고 그러한 시기를 끈질기게 버텨냈을 때, 한 가지 자신을 얻음과 동시에 부처의 광명을 밀접하게 느낄 수가 있게 되는 것입니다.

---

50) 니 : 여기서는 힐문詰問하는 뜻을 나타내는 말(속음).

와룡의 시대-회상의 청춘

　십대十代 무렵의 일부터 쓰기로 하겠습니다.
　초등학교 고학년 시절의 나는 초등학생이라고는 생각되지 않을 정도의 집중력을 지녀 장시간 동안의 공부를 견딜 수 있는 어린이였습니다. 묵묵히 공부를 계속한 성과는 차츰 학년이 올라가서 초등학교 6학년이 되자 평균 99.7점이나 되는 높은 득점을 하게 되었습니다. 평균점이 100점이 되지 않았던 이유는 어느 국어시험(여기서는 일어)에서 부주의한 실수로 해답을 잘못 기입하여 점수를 잃었기 때문이었습니다.
　아버지는 그 성적표를 가지고 안면이 있는 T대학 부속중학교 교장에게 진학상담을 하러 갔습니다. "부속중학교는 말할 것도 없고 '나다灘 중학교'라는 난이도가 높은 학교에도 합격할 수 있지 않겠는가"하는 의견이었습니다만, 장차 정치가라도 될 때에는 지방에 친구들이 있는 편이 좋다고 아버지께서 판단하여 출신지의 중학교에 진학할 것을 권하셨습니다.

결국 출신지에 있는 '가와시마川島 중학교'를 평균점수 100점, 일등으로 합격하여 총대표로 입학식에 임하였습니다. 중학교 시절은 나에게는 추억 어린 황금시절이었습니다. 학생회장이나 테니스 부의 주장主將, 보도위원장으로서의 교내신문 편집 발행책임자로서 해왔던 일은 후에 지도력의 원천이 되는 좋은 체험이었습니다.

성적도 500점 만점으로, 2등과의 점수차가 언제나 50점 이상 벌어지는 발군拔群의 실력으로 수석을 계속하였습니다. 전국적으로 실시된 시험에서도 일등을 몇 번 해서 선생님들을 놀라게 한 일이 있었습니다.

중학교 3학년 때의 담임선생님이 "다른 학년에서 일등을 하는 학생은 동급생으로부터 반발을 사는데, 왠지 너의 말은 모두 잘 듣는다. 네가 하는 말 한마디는 곧 결정적인 작용을 하여 모두가 묵묵히 따라온다"며 고개를 갸웃거리면서 감상을 말하셨던 것이 바로 엊그제 일처럼 생각납니다. 단순한 수재가 아니라 종교가로서의 매력을 감춘 속 깊은 데가 있었던 것 같습니다.

고등학교 진학은 당시 현縣에서 으뜸가는 학교였던 도쿠시마德

島 시내의 '도쿠시마 조난德島城南 고등학교'로 정하였습니다. 나의 수험 무렵부터, 군郡지역 자제들의 시내 유입을 막기 위하여 도쿄도東京都의 학군제도를 모방한 종합 선발제도가 시작되었습니다. 입시성적이 상위 10%인 학생은 희망하는 학교에 들어갈 수 있었습니다만, 나머지 90%는 자택에서 다닐 수 있는 시내의 학생을 우선적으로 선택해야 하는 추첨방식이 되었던 것입니다. 추첨으로 진학할 학교가 결정되는 것이어서는 납득할 수 없다고 생각하여 맹렬히 공부를 하였습니다. 그 결과, 군 지역에서 온 수험생으로서는 최고의 성적으로 '조난 고교'에 입학하였습니다. 당시 동교同校에서는 매년 십 몇 명이 도쿄대학東京大學에 합격했었기 때문에 명확히 도쿄대학에 진학할 것을 의식하기 시작한 것도 그 무렵입니다.

그러나 고등학교 시절은 중학교 시절처럼 즐거운 추억으로 기억되지는 않습니다. 고등학교부터 시작한 검도부의 맹연습과 왕복 두 시간 반이나 걸리는 기차통학으로 인한 피로 때문에 늘 수면부족으로 졸립고 나른한 기분이 들었습니다. 덜컹거리며 흔들리는 조명이 어두운 열악한 기차 안에서만 영어공부를 했던 것으로 생각됩니다. 좌우로 흔들리는 차량 안에 선 채로 영어참고서를 오른손에, 영어사전을 왼손에, 만년필을 손가락 사이에 낀 채로 영문법과 영문해석 문제를 푸는 진지한 내 모습을 보고, 네 살

된 어린 여자아이가 자리를 양보해주려고 일어나서 당황하였던 적도 있었습니다.

절대적으로 부족한 공부시간은 부정할 수 없었습니다만, 그래도 학급에서 성적은 일등이었습니다. 특히 국어(일어)공부를 좋아해서 고등학교 1학년 때 통신 첨삭시험添削試驗에서 6회 연속 전국 일등을 하여 대단한 자부심을 가지게 되었습니다. 이 기록은 현재도 깨지지 않았을 것입니다. 국어(일어)공부 자체는 대학입시라는 것만을 생각하면 그렇게 큰 시간배분을 하는 것은 잘못이었다고 생각합니다만, 훗날에 다량으로 책을 읽고 수많은 서적을 쓰고 많은 사람들 앞에서 강연을 하는 일을 하기 위한 힘의 원천이 되었다고 봅니다. 또한 입시와는 직접 관계가 없는 교과목이었습니다만, 지리나 지학地學, 생물학도 자신이 있었습니다. 문과계의 과목은 영어와 국어(일어), 사회 모두 다 잘하였기 때문에, 어렵다는 의식을 극복하자는 생각에서 고등학교 2학년 때에는 수학과 물리의 필수시간이 많은 이과계 반에 들어갔습니다. 내가 도쿄대학 이과삼류理科三類(의학과)에 진학하는 게 아닌가 하는 소문이 돈 것도 이 무렵입니다만, 나는 여러 가지 일을 할 수 있는 법학과에 진학할 생각을 하고 있었습니다.

고등학교 1, 2학년 동안, 문화제文化祭(학교 축제)에는 계속해서 연극의 주역으로 등장하였습니다. 나로서는 정말 본의 아니게 선발되었다고 분개하였습니다만, 오랫동안 연극부의 여학생으로부터 들어와 달라고 끈질기게 권유받았던 것을 생각해 보면 얼마간의 재능은 있었는지도 모릅니다. 후일에 수만 명 앞에서 강연하게 되면서 그 무렵 연극부에라도 들어가 무대공부를 해두었던 편이 좋았을 지도 모른다고 느꼈습니다만 이미 지난 일이었습니다.

고등학교 3학년 때에는 다시 국립대학 문과계를 목표로 하는 반으로 바꿨습니다. 이 반은 우수하여, 동급생 가운데에서 도쿄대학 문Ⅰ(법학과)에 5명, 문Ⅱ(경제학과)에 1명 합격하였습니다. 나로서는 약간 성적이 미치지 않아 본의가 아니었습니다만, 대학입학 후에는 나의 성적이 가장 좋았기 때문에 기분이 풀렸습니다. 이리하여 고등학교 시절은 '쇼하쿠 상松柏賞'이라는 우수상을 수상하며 무사히 졸업하였습니다.

그런데, 대학수험에 관해서는 1975년 12월에 대형 학원의 도쿄대학 입시 모의시험에서, 도쿄대학 문Ⅰ(법학과)이라면 상위 10% 이내, 문Ⅱ(경제학과), 문Ⅲ(문학과)이라면 첫째나 그에 준한 성적으로 합격한다는 예측결과를 얻고 안심하였습니다. 본 고사에서는 이 모의시험보다 30~40점(440점 만점 중) 이상 고득점을 얻게 되어, 은근히 한 자릿수 합격(1등~9등 사이로 합격하는 것)을 기대하였습니다. 그리고 1976년 봄에 순조롭게 도쿄대학 문과 일류一類에 입학하였습니다.

그러나 도쿄대학 법학과 학생들은 전국에서 모인 수재들뿐이어서 나는 금방 불안감에 휩싸였습니다. 맹렬히 공부할 필요성을 느끼고 수업에 관계되는 것뿐만이 아니라 널리 학문의 세계를 섭렵涉獵하기 위하여 불철주야不撤晝夜로 공부를 하였습니다.

공부의 범위는 법학, 정치학뿐만이 아니라 사회학, 역사학, 철학, 사회 사상사, 경제학, 경영학, 자연과학, 국제관계론, 나아가 양서洋書의 원서 강독에까지 손을 대어 영어나 독어 할 것 없이 탐독하였습니다. 그 중에서도 영어는 대학입시 무렵 전국 최고 수준의 학력을 가지고 있었던 것이 효과가 있었는지, 교수나 조교수보다 몇 배나 빠른 속도로 원서를 읽을 수 있다는 것을 발견하였습니다. 자주 다니던 커피숍에, 늦은 시간에 불쑥 모습을 나타내 4~5백 페이지나 되는 유럽정치사에 관한 영어 원본을 탐독하고 있었더니, 가게 주인이 내 공부에 방해되지 않도록 내객來客을 문전에서 사절하는 모습이 눈에 들어와서 매우 미안하게 느껴졌던 적도 있었습니다.

그러나 학문만 탐구하고 있었던 것은 아닙니다. 날씨가 좋은 날 저녁나절에는 하숙집 근처의 '하네키 공원羽根木公園'이라는 곳을 빙 돈 다음 '우메가오카梅ヶ丘'라는 거리를 산책하며, 이따금 영감을 얻어 시를 쓰곤 하였습니다. 황혼 무렵의 서쪽하늘을 바라보면서 그리스의 철학자 플라톤의 영계사상靈界思想이나 니시다 키타로西田幾多郎의 '순수경험'이나 '견성見性'에 대해 곰곰이 생각을 했던 것도 그 무렵입니다. 이미 종교가의 예비후보가 되기 위한 정신적인 자각이 시작되고 있었던 것입니다.

이렇게 해서 행복한 '고마바駒場(교양학과가 있는 장소)' 시절이 끝나고 '혼고本鄕(법학과가 있는 장소)'로 진학하였습니다.[51] 성적은 변함없이 상위권이었습니다만, 내 기억에 남는 것 중에서는 대학교 3학년 봄방학 때 정치철학 연구논문을 집필하였던 것을 들 수 있습니다.

그리스적 정치사상을 동경하는 미국의 여성 정치철학자 '한나 아렌트'의 연구로서 ≪한나 아렌트의 가치세계에 대하여≫라는 논문을 작성하였습니다. 아렌트의 영어는 독일어 식이어서 난해하다는 것이 정평입니다만, 그래도 아렌트의 모든 저작을 독파하고 2주일 정도 새벽 6시까지 작업을 하여 논문을 마무리하였습니다. 친구들은 '너무 난해해 이해하기가 힘들다'고 비평하였습니다만, 교수로부터는 "성숙한 가치관을 지니고 있군. 자네가 학자가 되면 크게 활약할 수 있겠어. 이 논문도 서문을 첨가하고 내용을 두 배 정도로 늘리면, 법학과 졸업 후 조수가 3년 후에 쓰는 조수논문(박사논문 정도)의 합격 수준을 이미 넘어섰네. 그러나 이러한 철학사상을 낼 수 있는 사람이 법학과의 실용주의적인 실정법實定法 공부를 할 수 있을까? 자네는 법률 쪽은 착실히 공부하고 있나?'라는 말을 들었습니다.

당시 21살이었던 나는 학문적인 천재성을 보이기 시작하였던 것 같습니다. 그러나 '헌법'이나 '민법', '형법' 등 실용성이 있는 학문을 경시하고, 형이상학에 강하게 끌리는 경향은 좀처럼 고쳐지지 않았습니다. 교수는 나에게 기대를 갖게함과 동시에 법학과 학생으로서 실제 사회에 통용되는 실용주의의 중요성을 역설하였습니다.

이리하여 뒤늦게나마 '혼고'의 도서관에서 육법전서六法全書52)를 사용하여 판례집을 탐독하는 사람들 무리에 합세하게 되었습니다. 솔직히 말해서 법률학이 학문인지 아닌지에 대해서는 의문이 있었습니다. 예를 들면 '헌법' 하나를 보더라도 그 성립과 의도 자체가 과연 올바른지 어떤지 하는 근본적인 문제가 뇌리를 떠나지 않아서, 조문을 그대로 외우고 학설의 기억에 힘쓰는 친구들에게서 일종의 가엾음을 느꼈던 것은 사실입니다. '형법'에 관해서도 사람은 무슨 까닭에 다른 사람에게 벌을 줄 수 있는지, 죄의 정의와 그 근거는 어디서 구해야만 하는지, ≪형법총론≫의 해설로는 납득이 가지 않았습니다. '민법'에 관해서도 '헤겔의 법철학'과의 관련성이 마음에 걸려 견딜 수 없었습니다. '상법'에 관해서도 '회사법'과 '어음수표법' 공부는, 사상성이 풍부한 나에게는 너무 지나치게 실용주의적이었습니다.

한편 '정치학' 쪽도 '야나기다 구니오柳田國男'의 민속학民俗學이나 '야마모토 시치헤이山本七平'의 일본인론日本人論을 자기 이론인 것처럼 집어넣어서 '정치과정론政治過程論'을 강의하는 어느 교수에게 이론성이 없다는 것을 알아차리고 실망을 하였습니다. 다소나마 흥미가 끌렸던 '국제정치학'도, 좌익적 입장에서 안보安保53) 반대를 주장하는 어느 교수에 대해 '이론은 날카롭지만, 결론은 잘못되어 있지 않은가'하는 느낌을 가졌습니다. 그 교수의 동서냉전에 대한 견해가 잘못이었음은 십몇 년 후에 소련의 대붕괴가 현실화하면서 분명해졌습니다. 나의 직관은 옳았던 것입니다.

이리하여 나는 '법률학'과 '정치학'의 학문성과 가치론의 부재와 빈곤에 직면하여 도쿄대학 법학과에는 자신이 스승으로 삼을 만한 교수가 없음을 깨달았습니다.

이렇게 된 이상은 혼자 힘으로 길을 개척할 수밖에 없었습니다. 경제적인 기초를 쌓고 나 자신이 납득이 가는 학문을 찾아내든지, 만일 그것이 발견되지 않는다면 나 자신의 손으로 새로운 학문을 창조해 내든지, 어느 한쪽밖에 없다고 생각하였습니다.

　대학교 4학년에 올라갈 무렵에 취직의 일환으로 우선은 사법시험 준비를 하기로 하였습니다.

　반 년 동안 다닌 사법시험 학원에서는 6회 일등을 하여 내가 논문에서 쓴 참고답안으로 공부한 사람이 상당수 사법시험에 최종 합격하였습니다. 나는 단답식 시험은 합격점을 10점(90점 만점) 정도 넘어 간단히 합격하였습니다만, 많은 친구들의 예상을 꺾고 논문식 시험에서는 생각지 않은 실패를 하고 말았습니다. 실무자적인 답안이 아니라 학자적인 답안을 썼던 것이 원인이었던 것으로 생각되었습니다. 나는 너무나도 학문적으로 성숙해 있었던 것입니다. 그 당시에 이미 학설이나 판례를 명확히 비판하는 자기 독자적인 시점을 가지고 있었기 때문입니다. 그러나 최고 재판소의 판례를 날카롭게 비판한 답안에 채점자들은 겁을 먹고 후한 점수를 주지 않았던 것입니다.

　다만, 나중에 고급령들의 의견을 들어보았더니, 국가시험에 합격하거나 내가 만족할 수 있는 취직이 실현되는 것을 단호히 방해하여, 이 세상적인 성공을 단념케 함으로써 종교가로서의 길을 선택하도록 할 작정이었기 때문에 아무리 발버둥 쳐도 성공은 못하게 할 속셈이었던 것입니다.

　나로서는 예상도 하지 않았던 길이었습니다만 어느 종합상사의 인사담당자로부터 '삼고초려三顧草廬[54])의 예禮로써 맞이하겠으니 꼭 당사當社로'라는 간청을 받았고, 또 도쿄대학 선배로서 스탠포드 대학교에서 MBA(경영학 석사)를 취득한 상무가 '우리 회사에 와주지 않겠습니까?'라며 머리를 숙이는 것을 보고 사나이의 의리로 입사를 결정하였습니다.

그러나 친구들한테서는 악평이 자자하였습니다. 어떤 친구는 '정치학과에서 일본은행에 추천 TO[55])가 한 사람 있어서, 교수는 너를 추천하겠다고 하는데 어째서 사퇴하였느냐'며 불만스러운 얼굴이었으며, 국책은행 어느 인사담당자는 '도쿄대학 재학 중에 사법시험의 단답식 시험에 합격한 사람은 사립학교와는 달리 50% 이상은 최종합격하지요. 더구나 당신은 정치학과이니까 아마 최고득점이겠지요'라고 듣기 좋은 말을 하며 입사를 권하였습니다. 확실히 그 해에 정치학과에서 국가공무원 시험(상급)에 1등의 성적으로 합격하여 대장성大藏省[56])에 들어간 친구는 단답식 시험에 떨어졌기에 상대가 하는 말에도 일리는 있었습니다. 그러나 나는 남의 힘에 의지하는 식의 발상에 대해서는 반발했습니다. 제로에서부터 자신의 실력을 시험해 보고 싶은 충동에 사로잡혔던 것입니다. 그러나 '술도 마시지 못하고, 마작麻雀도 못하고, 사교는 서투르고, 해외에 간 적도 없는 너에게 종합상사 직원은 무리야'라고 충고해 주었던 친절한 친구들의 말을 듣고 '진로 선택을 잘못한 걸까'하는 의문은 날이 갈수록 커져 갔습니다.

졸업을 기다리면서 또 다시 학문에 대한 미련이 솟아, '칼 힐티 Carl Hilty'의 ≪행복론≫과 '하이데거 Martin Heidegger'의 ≪존재와 시간≫을 탐독하고 나서부터 '역시 사상가가 되고 싶구나'하는 생각이 치밀어 올라 왔습니다. 인생의 의문에 답하기 위하여 철학과 종교 서적도 많이 읽었습니다.

---

51) 혼고 : 도쿄대학 등에서는 1, 2학년 시절에 전반적인 교양학문을 배우고, 3, 4학년 때 전공을 배우는 시스템을 가지고 있다. 이 때 1, 2학년 시절과 3, 4학년 시절의 대학 소재지가 달라진다.

52) 육법전서 : 현행 성문법 중의 육대 법전. 헌법 · 민법 · 상법 · 민사소송법 · 형법 · 형사소송법.

53) 안보 : 여기서는 '미일안전보장 조약 日美安全保障條約'을 말함. 1951년 9월에 샌프란시스코 강화조약과 동시에 미일 간에 체결된 조약. 강화조약 발효 후 연합군이 철퇴한 비무장 일본의 안전을 보장하기 위하여 미군이 일본에 주류할 것을 정하였다. 1960년 신 조약이 체결되어 새로이 미일 양국의 사전협의 제도 등이 정해졌다. 정식 명칭은 '일본국 및 미합중국 사이의 상호협력 및 안전보장 조약'임. 줄여서 '안보조약'이라고 한다.

54) 삼고초려 : 삼국지에서 유비가 제갈공명을 참모로 맞아들이려 하여 3번 방문하였다는 고사로부터 나온 말로, 남에게 일을 부탁할 때 몇 번이나 찾아가 예를 갖추는 것을 말함.

55) TO Table of Organization : 조직표, 편성표, 정원定員이라는 뜻. 본문에서는 '추천 할당(가능) 인원'이라는 뜻으로 사용함.

56) 대장성 : 우리나라의 기획재정부(구 재무부)에 해당.

깨달음을 향한 길

　1981년 3월 23일, 봄날의 햇살이 부드러운 오후, 나에게는 참으로 기분 좋은 날이었습니다. 학생시절을 포함한 과거의 자신에 대해 반성을 하고, 미래의 인생설계를 생각하고 있었습니다. 서른살 무렵에는 독립해서 사상가로서 세상에서 일하고 싶은 소망은 끊기 힘들어 천명天命처럼 여겨졌습니다.
　그러나 한편에서는 경제적인 자립 없이 사상적인 독립도 있을 수 없다는 것을 실감하였습니다. 종합상사 직원으로서 나날의 양식을 얻으면서 사회경험을 쌓으며, 자기 나름의 연구를 심화深化하는 가운데에 반드시 길이 열릴 것이라고 생각하고 있었습니다.

　그런데 돌연 내 방 안에 눈에 보이지 않는 것이 있다는 기색을

느꼈습니다. 그리고 누군가가 나에게 말을 걸려고 한다는 느낌이 들어 급히 카드와 연필을 준비하였습니다. 그러자 연필을 쥔 나의 손이 마치 살아 있는 것처럼 움직이기 시작하여 '기쁜 소식, 기쁜 소식 イイシラセ イイシラセ'이라고 카드에 몇 장씩 쓰기 시작하였던 것입니다. 그리하여 '그대는 누구인가?'하고 묻자 '닛코 日興[57]'라고 서명합니다. 니치렌 육노승 日蓮六老僧[58]의 한 사람인 닛코에 의한 자동서기 自動書記[59]였던 것입니다.

나는 놀랐습니다. 내 자신은 니치렌종 日蓮宗과는 전혀 관계가 없었고 '기쁜 소식'이란 것은 기독교적으로 말하면 '복음'이라는 것이기에 무언가의 영적 각성 靈的覺醒의 순간이 찾아왔음을 직감하였습니다. 그리고 무엇보다도 이 몸으로 '저 세상이 있고 영적 존재가 있으며, 인간이 불멸의 생명이라는 것을 알았다'는 것은 커다란 놀라움이었습니다.

그리고 생각해 보니 2~3개월 전부터 영안 靈眼이 열리기 시작하였는지, 눈이 번쩍 빛나고, 후두부에서 황금빛의 오라 aura가 나와 있는 것을 보았던 일이 생각났습니다. 그리고 나아가서는 교양학과 시절에 다카노산 高野山에 올라가, 본당을 향하는 참배 길에서 미래의 자신이 초능력자가 되어 일을 하는 비전 vision을 본 것도 생각났습니다. 그리고 그 해 가을에는 우연히 헌책방에서 입수한 '다니구치 마사하루 谷口雅春[60]'가 쓴 ≪신상관 神想觀≫ 해설본을 읽고 어느 날 밤 딱 한 번 신상관을 하였더니, 합장한 손에 전류와 같은 뜨거운 것이 흘렀기 때문에 깜짝 놀라서 이상하게 생각하여 두 번 다시 그 책을 손에 잡지 않게 되었던 일도 생각났습니다. 하긴 동시에 케케묵은 사상이라는 느낌도 들었습니다만.

나아가서는 초등학교 고학년 시절에 고열이 나서 누워있을 때, 몇 번이고 유체이탈幽體離脫하여 천국에서부터 시작하여 지옥계地獄界의 아비규환 지옥까지 보고 왔던 일이 생각났습니다. 나는 천성적으로 극히 영적인 체질이 강하고 직관력이 날카로운 인간이었던 것입니다.

닛코로부터 자동서기에 의한 영계통신靈界通信은 얼마 후 끝나고, 그 뒤 니치렌日蓮으로부터 영계통신이 시작되었습니다. 니치렌은 '사람을 사랑하고, 사람을 살리고, 사람을 용서하라'라는 세 마디의 말을 제시하였습니다. 몇 년인가 뒤에 내가 '사랑의 발전 단계설'을 굳힐 것을 암시하였던 것이라고 볼 수 있습니다.

그러나 이 시점에서는 나는 아직 나 자신이 과거세에서 니치렌종 계통의 승려였을까 하는 생각을 하고 있었습니다. 적어도 1년 동안 니치렌은, 니치렌종 계통의 사이비종교를 분쇄할 것을 나에게 기대해서 그런지 상당한 횟수의 접촉을 취해 왔습니다.

57) 닛코 : 1245~1332년. 니치렌종日蓮宗의 승려. 니치렌정종日蓮正宗의 조祖. 니치렌日蓮의 제자가 되어 늘 그를 따랐다.
58) 니치렌 육노승 : 니치렌종에서 니치렌의 6명의 높은 제자들.
59) 자동서기 : 고급령이 강림하여 자동으로 글을 쓰게 하는 것.
60) 다니구치 마사하루 : 1893~1985년. 생장의 집의 교주. 오모토교大本敎의 잡지 편집자였으나, 1929년에 신시神示를 받고 교의敎義를 확립하였다. 1930년에 잡지 '생장의 집'을 발간. 도쿄東京에 상경하여 '광명사상 보급회'를 설립하여 새로운 유형의 포교 활동을 행하였다.

그리스도의 출현과
불타의 사명

한편, 1981년 6월, 예수 그리스도가 강림하여, 영언 형태로 충격적인 사실을 말하기 시작하였습니다. 약간 외국인 투의 발음이기는 하였습니다만 성실하고, 힘차고, 사랑에 넘친 언혼言魂이었습니다. 그 자리에 임하였던 부친도 고차원령高次元靈의 박력에 무심코 말문이 막힐 정도로 충격을 받았던 것 같습니다. 고차원령이 임재臨在하면 눈부신 빛과 함께 몸 전체가 뜨거워져서, 그 말 한마디 한마디에서 빛나는 진리에 접하여 무의식중에 눈물이 복받쳐 오르게 됩니다.

7월에는 잠재의식의 보고寶庫가 열려서 나 자신의 숨겨졌던 의식인 고타마 싯다르타, 석존이 고대 인도어를 섞어서 불법유포佛法流布의 사명을 엄하게 그리고 뜨겁게 이야기하였습니다. 그리고 나 자신이 석가의 혼 그룹의 중핵中核이며, 엘 칸타아레라고 하는 영존재靈存在라는 것도 고하였습니다. 그리고 그 사명이란 불법佛法을 유포함으로써 일체 중생을 구제하는 데에 있음을 이야기하였습니다.

그리고 그 역할로는 '사랑과 자비' 및 '신앙'을 상징하는 아미타여래적阿彌陀如來的인 측면(구세주적인 부분)과 '깨달음과 수행' 및 '영계의 비의秘義'를 상징하는 대일여래적大日如來的인 측면(불타의 본질적인 부분)을 겸비한 석가대여래釋迦大如來이며, 전자가 첨예화尖銳化하면 대구세주이고 후자가 상징화象徵化되면 화엄경華嚴經과 대일경大日經에서 말하는 '비로자나불毘盧遮那佛, Vairocana'을 보다 더 본원적인 존재로 한 '대비로자나불大毘盧遮那佛, Mah?vairocana'임을 명시하였습니다.

엄청난 일이었습니다. 어릴 때부터 신앙심이 두터운 가정에서 자라서 영계를 솔직히 받아들이던 나도, 너무나 큰 영현상靈現象과 고해들은 사명의 크기에 놀람을 금치 못하였습니다.

분명한 것은 나 자신이 재탄再誕한 불타라는 것. 그리고 불타를 중심으로 하여 천상계의 여러 고급령들과 지상의 여러 종교를 정리 및 통합하여 새로운 세계종교를 만들어, 전 세계 사람들을 교도教導하여, 신문명新文明을 향한 길을 여는 것. 새 시대의 막을 여는 사명이 나에게 맡겨진 것이었습니다.

그러나 영계를 해명하는 데에 약간의 시간이 더 필요하였던 것과, '서른 살까지의 인간 수행이 필요하지 않을까'하는 관점에서, 나는 아직 회사근무를 그만두지 않았습니다.

그러나 나 자신의 내면의 갈등과는 반대로 이 세상의 톱니바퀴는 역방향으로 돌기 시작하고 있었습니다. 1982년부터 1983년에 걸쳐 회사의 연수생으로 뉴욕 본사에 파견된 것이었습니다. 그리스도가 영시를 내리고 불타로서의 사명이 고해진 인간이 월스트리트 사람들과 국제금융 업무로 나날을 보내고 있었던 것이었습니다. 벌리츠Berliz의 회화학교會話學校에서 일대일 방식으로 영어회화 수업을 100시간 받고 난 후, 뉴욕시립대학 교수의 면접시험을 '퍼펙트 잉글리시perfect English'라는 평가로 합격하여, 네티브native (현지인, 즉, 미국인)와 동일한 조건으로 국제금융 세미나에 참가하였습니다. '뱅크 오브 아메리카'나 '시티뱅크', '메릴린치' 등의 30세 전후의 젊은 비즈니스 엘리트와 섞여 외국환外國換 이론 등을 배우면서도 나의 마음은 평안하지 않았습니다. 나 자신이 체험하는 인간사회적 현실과 종교적 현실 사이에는 메울 수 없는 간극이 커져가고 있었던 것입니다. 당시, 근무처였던 맨해튼의 '세계무역센터'라는, 하늘을 찌를 것 같은 초고층 빌딩을 올려다보면서, 이 빌딩 쪽이 진짜인지, 아니면 나의 마음속의 목소리가 진짜인지, 분명히 나 자신의 자기 인식과 신앙심이 시험당하고 있었습니다.

그리하여 1년 동안의 연수기간을 마치고 선례가 없을 만큼 높은 실적이 평가되어, 상사上司로부터는 '연수생에서 뉴욕 주재원으로 바꾸고 싶은데'라는 타진打診을 받았습니다. 종합상사 직원으로서는 더할 나위 없는 초 엘리트 코스로 향한 초빙이었습니다. 그러나 나는 당시 쓰기 시작하던 영언집靈言集의 원고가 역시 마음에 걸렸습니다. 그랬기 때문에 주재원으로의 승격을 사퇴하고 후배를 후임 연수생으로 초빙한 후, 나 자신은 귀국하기로 하였습니다. 종합상사 직원으로서는 이례적인 무사무욕無私無慾의 행동이었습니다만 종교가로서는 착실히 한 발짝 앞으로 나아가고 있었습니다.

귀국 후 2년 동안 준비를 진행하여, 1985년 7월에는 ≪니치렌 성인日蓮聖人의 영언靈言≫, 나아가 ≪쿠카이空海의 영언≫, ≪그리스도의 영언≫, ≪아마테라스오미카미의 영언≫, ≪소크라테스의 영언≫ 등 속속 영언집을 간행하였습니다. 당시는 아직 회사근무가 계속되던 관계상 부친의 필명으로 출간하고 내 이름은 공저共著에 그치는 형태로 하고 있었습니다.

그러나 마침내 와야 할 때가 왔습니다. 1986년 6월, 예수 그리스도, 아메노미나카누시노카미 등 잇달아 강림한 영들은 나에게 '지금이야말로 일어서야 할 때다'라고 고하였습니다. 그리하여 같은 해 7월 7일에 생일을 맞이한 지 얼마 안되어, 나는 7월 15일 퇴사하여 자유의 대지를 향한 첫걸음을 내디뎠습니다.

그리고 같은 해 8월 말에 이 ≪태양의 법≫(구판) 집필에 착수하여, 9월 초에는 탈고脫稿하였습니다. 나아가 10월에는 ≪황금의 법≫에 착수하여 11월에 탈고하였습니다. 둘 다 다음 해에는 출판할 수 있게 되어 '행복의 과학'이 출발하는 원동력이 되었습니다. 나의 최초의 이론서가 공간公刊되어 진지하게 길을 추구하는 회원들이 잇달아 모여들게 되었던 것입니다.

    (주) 엘 칸타아레의 전생轉生은
    ① 라무(무 대륙)
    ② 토스(아틀란티스 대륙)
    ③ 리엔트 알 크라우드(고대 잉카제국)
    ④ 오페알리스(그리스)
    ⑤ 헤르메스(그리스)
    ⑥ 고타마 싯다르타(인도)
    ⑦ 오오카와 류우호오(일본)

이며, 원칙적으로 9차원 존재에 의하여 혼의 형제가 구성되어 있다.

나를 믿고 모여들어라

　제1회 행복의 과학 강연회가 개최된 것은 1987년 3월 8일, 도쿄東京의 '우시고메牛込 공회당公會堂'이었습니다. 청중은 4백 명 가량이었습니다만 나의 연제는 '행복의 원리'였으며 행복의 과학의 기초적인 가르침인 '사랑의 원리', '지知의 원리', '반성의 원리', '발전의 원리'의 네 가지 원리를 '행복의 원리' 속에 자리 매김하였습니다. 나아가 회會의 방침으로서 최초의 3년 동안은 학습단체로서 법의 기초 만들기와 강사의 양성, 운영방법의 확립에 전념하고, 그 후에는 대발전을 향한 전도傳道로 전환한다는 취지의 기본 전략을 발표하였습니다.

　같은 해 4월부터는 월간지가 발행되어, 이 월간지의 논문과 강연회 내용이 그 후의 행복의 과학의 흐름을 결정해 갔습니다. 또한 연수회와 세미나에서는 수준이 높은 회원들이 다수 배출되어 행복의 과학 직원과 강사진의 모체가 되었습니다.

또 나의 사자후獅子吼에 크게 감동을 받고 강연회 참가자가 해마다 증가하는 추세를 나타냈습니다. 1988년에는 2천 명을 수용할 수 있는 '히비야日比谷 공회당'이 청중으로 넘쳐났으며, 1989년에는 8,500명을 수용할 수 있는 '료고쿠 국기관兩國國技館'이 만원이 되었고, 1990년에는 1만 수천 명을 수용할 수 있는 '치바千葉 마쿠하리 멧세幕張Messe' 전시장이 매회 만원이 되었습니다.

그리고 제1회 강연회로부터 만 4년이 지난 1991년 3월 7일에 행복의 과학은 종교법인으로 정식 인가를 받고 새로운 출발을 하게 되었습니다. 본존本尊은 석가대여래釋迦大如來, 즉, 엘 칸타아레입니다. 9차원 최고대령最高大靈임과 동시에 여러 고급령들마저도 지도하는 입장에 있는 재탄한 최존最尊의 불타입니다.

이 1991년 7월에는 '도쿄 돔東京Dome'에 5만 명의 간부 및 신자들이 모여 '생탄제生誕祭'가 거행되었습니다. 행복의 과학은 종교법인격宗敎法人格을 취득한 해에 이미 일본에서 최대 규모의 종교단체가 되었다고 하는, 종교계에서는 공전절후空前絕後의 기적적인 존재가 되었습니다. 나는 엘 칸타아레 선언을 하여 대승불타大乘佛陀로서의 사명을 분명히 하였습니다. 매스컴은 전 세계에 이 사실을 전하였으며 일본에 진짜 종교의 시대가 찾아왔습니다. 또한 같은 해 9월에 시작된 '희망의 혁명'에 의하여 일본 매스컴 계에 드리워진 암운暗雲을 불식하고, 일본인 전체를 계속 오염시키던 정신적 공해를 일소하는 정의의 싸움이 개시되었습니다. 이 시점이, 패전 후 일본이 불국토 건설佛國土建設을 향하기 위한 터닝 포인트turning point (전환점, 반환점)가 되었습니다.

1991년 12월에 개최된 '엘 칸타아레제El Cantare祭'에서는 신자 총수總數가 560만 명을 돌파하여 사실상 일본 제일의 종교단체 선언이 행해졌습니다.

1992년, 1993년은 불교노선에서 교의敎義의 기초를 다지기 시작하였음과 동시에 위성방송을 통하여 일본 전국에서 동시에 개최되는 강연회가 대대적으로 거행되었습니다. 그 한편에서는 '희망의 혁명'을 지원하는 목소리가 일본 전국 및 해외에서 그치지 않아 신자수는 1천만 명을 향해 점점 증대하는 일로一路를 걸었습니다.

이리하여 1991년부터 1993년까지의 '미러클 계획'의 대승리와 함께 행복의 과학은 엘 칸타아레를 중심으로 하는 신앙단체로서 확립기確立期를 맞이하였습니다.

1994년에 이윽고 기대하던 '빅뱅 계획Big Bang計劃'이 개시되었습니다. 신앙에서 전도로. 그리고 그것은 행복의 과학이 세계종교로 비상飛翔하는 일이기도 하였습니다. 전 세계 사람들에게 주초 엘 칸타아레의 출현과 그 사명을 고해 알리지 않으면 안됩니다. 지구 역사상 최고의 불타, 최대의 구세주가 강림한 것입니다.

　세계는 지금 정화되어 가고 있습니다. 인류는 엘 칸타아레를 믿음으로써 최종最終이자 최고, 최대의 구제를 얻을 수 있는 것입니다.

　'나를 믿고 모여들어라' - 전 세계 사람들에게 이 메시지를 전해 주십시오. 나는 여러분의 영원한 스승입니다.

후기

　본서에서는 먼저 행복의 과학이 전하는 불법진리 사상의 윤곽과 그 목적, 사명을 명확히 할 수 있었다고 본다.

　창세기나 사랑의 단계, 깨달음의 구조, 문명의 유전流轉을 명쾌히 다 설명할 수 있었던 점, 엘 칸타아레의 진실한 사명을 분명히 한 점에서는 전 세계에 단 한 권밖에 없는 책이다.

　당신은 이 책을 믿는 편이 좋을 것이다. 언젠가는 불전佛典, 성서聖書로서 후세에 전해지게 될 것이기 때문이다.

　본서를 이해할 때 유의하여 주었으면 하는 점은 구서舊書가 '천국·지옥'이라는 관계로 영계관靈界觀을 형성하고 있었음에 대해, 본서에서는 '천국에도 앞쪽과 뒤쪽이 있다'는 시점에서 설명되고 있다는 점이다. 구서에 섞인 뒤쪽 세계로부터의 영계관, 가치관, 역사관의 상당한 부분을 제거하여 이론적으로는 말끔해졌다고 본다. 마찬가지로 구서에서는 '신神'이라는 말을 통일적으로 사용하였지만, 본서에서는 우선적으로 '부처'라는 말로 바꿔 썼다. 불타의 기본사상으로서는 이쪽이 보다 더 정확하기 때문이다.

　또한 구서에서 사용되던 독특한 종교용어에 관해서도, 행복의 과학이 주류화主流化하는 과정에서는 어쩔 수 없다고 판단하여, 일반적인 용어로 되돌렸다. 밀리언셀러Million Seller가 될 본서의 독자들이 불필요한 신경을 쓰지 않도록 하기 위한 필자의 노파심에서이다.

　그리고 본서만으로는 행복의 과학 기본교의基本敎義의 전체상을 이해하기 힘들다고 하는 독자를 위하여 새로운 이론서의 저술을 구상 중이다. 기대하기 바란다.

1994년 6월

행복의 과학 총재 오오카와 류우호오

행복의 과학은 현대인의 고민과 문제를 풀어줄 수 있는 현대인의 종교이다. 몇천 년 전에 설해졌던 종교는 시대의 변천과 더불어 퇴색되어 가기 때문에 새로운 종교가 출현하여 새로운 가르침과 새로운 문명을 만들어 가는 것이다.

행복의 과학의 기본 가르침은 '올바른 마음의 탐구'로서 현대의 사정도(四 正道)인 '사랑・지・반성・발전'의 실천을 통해 사람들에게 행복을 전하고, 전 세계를 유토피아화 할 것을 지향한다.

행복의 과학에서는 매주 다양한 세미나를 개최하고 있으며 누구나 참가 가능하다.

(참가문의는 행복의 과학 02-3478-8777, 월요일 휴관)

1. 명상 세미나(발전, 번영 명상 / 치유의 명상 / 태양의 명상 / 우주즉아의 명상 / 달의 명상 등)
2. 원만한 인간관계 세미나
3. 성공철학 세미나
4. 마음의 법칙과 건강 세미나
5. 깨달음, 사후의 세계
6. 행복의 과학 영화 상영회

이 책에 대한 문의는 다음 연락처로 해주십시오.
행복의 과학 서울 지부 정사
주소 : 서울시 동작구 사당로 27길 74(사당 3동)
전화 : 02-3478-8777 팩스 : 02-3478-9777
행복의 과학 공식 홈페이지 : http://happy-science.jp/
태양의 시대 블로그 : blog.naver.com/dhihsp11

행복의 과학 번역 서적 안내

법 시리즈
- ★《태양의 법》 지구의 창세기와 문명, 그리고 미래 3천 년의 문명 - 엘 칸타아레의 길
- ★《황금의 법》 위인들의 전생윤회와 인류의 역사 - 엘 칸타아레의 역사관
- ★《영원의 법》 영적인 세계의 차원구조와 의미 - 엘 칸타아레의 세계관
- ★《행복의 법》 인간을 행복하게 하는 4가지 원리
- ★《성공의 법》 진정한 엘리트를 향한 길
- ★《용기의 법》 인간에게 실패와 좌절은 어떤 의미가 있는 것인가?
- ★《미래의 법》 당신의 마음 속에 잠재된 무한한 힘으로 미래를 열어가라
- ★《인내의 법》 인내는 성공으로 인도하는 최대의 무기
- ★《지혜의 법》 당신의 인생을 극적으로 바꿀 수 있는 현대의 깨달음
- ★《정의의 법》 증오를 넘어서 사랑을 베풀어라
- ★《전도의 법》 사람은 어디에서 와서 사후에 어디로 돌아가는가?

자기 계발 및 인생론 시리즈
- ★《스트레스 프리 행복론》 일이나 가정, 인간관계에서 행복해지는 길
- ★《영원한 생명의 세계》 사람은 죽으면 어떻게 되는가?
- ★《석가의 본심》 되살아나는 붓타의 깨달음
- ★《아임파인》 산뜻하고 자신 있게 사는 방법
- ★《하우 어바웃 유》 자연스런 자신의 모습으로 산뜻하게 살아가는 7개의 스텝
- ★《불황을 완벽하게 타개하는 법칙》 불황에서 이기는 방법
- ★《진실에 대한 깨달음》 참된 진리를 알 수 있는 입문서
- ★《더 힐링파워》 영적인 시점에서 해명하는 마음과 병의 메커니즘

영언 시리즈

★ ≪러시아 신임대통령 푸틴과 제국의 미래≫
★ ≪북한 종말의 시작 영적 진실의 충격≫
★ ≪세계 황제를 노리는 남자 시진핑의 본심에 다가서다≫
★ ≪한국 이명박 대통령의 영적 메시지≫
★ ≪북한과의 충돌을 예견한다≫
★ ≪김정은의 본심에 다가서다≫
★ ≪월트 디즈니 감동을 주는 마법의 비밀≫

태양의 법

2017년 6월 20일 제1판 1쇄 발행

지은이 / 오오카와 류우호오
펴낸이 / 강선희
펴낸곳 / 가림출판사

등록 / 1992. 10. 6. 제 4-191호
주소 / 서울시 광진구 능동로 334(중곡동) 경남빌딩 5층
대표전화 / 02)458-6451 팩스 / 02)458-6450
홈페이지 / www.galim.co.kr
전자우편 / galim@galim.co.kr

값 18,000원

ⓒ 오오카와 류우호오, 2017

저자와의 협의하에 인지를 생략합니다.

불법복사는 지적재산을 훔치는 범죄행위입니다.
저작권법 제97조의5(권리의 침해죄)에 따라 위반자는 5년 이하의 징역 또는 5천만원 이하의 벌금에 처하거나 이를 병과할 수 있습니다.

ISBN 978-89-7895-399-3 03200

이 도서의 국립중앙도서관 출판예정도서목록(CIP)은 서지정보유통지원시스템 홈페이지(http://seoji.nl.go.kr)와 국가자료공동목록시스템(http://www.nl.go.kr/kolisnet)에서 이용하실 수 있습니다.(CIP제어번호: CIP2017012860)